AF631387

भोले-भाले

'ऊपर से भोले हैं
अंदर से भाले हैं'
जो लोग,
और भोले-भाले समझे जाते हैं
जो लोग,
अशोक चक्रधर की कविताओं के विषय हैं
वे लोग।

इस संकलन में अशोक चक्रधर की वह प्रतिनिधि
हास्य-व्यंग्य कविताएं हैं
जिन्हें कविसम्मेलनों में लाखों श्रोताओं ने
सराहा है और चाहा है।

हास्य-व्यंग्य कविताएं

भोले-भाले

अशोक चक्रधर

डायमंड बुक्स

ashok@chakradhar.com

प्रकाशक : **डायमंड पॉकेट बुक्स (प्रा.) लि.**
X-30 ओखला इंडस्ट्रियल एरिया, फेज-II
नई दिल्ली-110020
फोन : 011-40712200
ई-मेल : sales@dpb.in
वेबसाइट : www.diamondbook.in
मुद्रक : रेप्रो (इंडिया)

Bhole-Bhale
By : Ashok Chakradhar

यह पुस्तक
प्यारे मिकी पटेल
की स्मृति को
समर्पित

अ-शोक

मैंने उन हज़ारों मोहित श्रोताओं को देखा है जो अशोक चक्रधर के कविता-पाठ के समय एक सहज मुस्कान के साथ ठहाका लगाते हैं और उनकी कविता के दर्द को अपने अंतर में गहराई से अनुभव करते हैं, उससे जीते हैं। मैं कई बार मंच पर बैठा अशोक चक्रधर के गहरे प्रभाव का कारण तलाशता रहा हूं। मुझे लगता है रचना में आम आदमी की पक्षधरता के अतिरिक्त क्या कारण हो सकता है? वे कवि-सम्मेलन को स्तरीयता प्रदान करने के साथ भाषा की सामर्थ्य भी बार-बार स्थापित करते हैं। मैं जब उन्हें सुनता हूं, मुझे लगता है मैं गहरे सामाजिक यथार्थ से उभरा एक वृत्तचित्र देख रहा हूं। अशोक की कहन में बड़ी शक्ति है और यही हमारी भाषा की, हमारे देश और हमारी जनता की शक्ति है।

–शरद जोशी

अनुक्रम

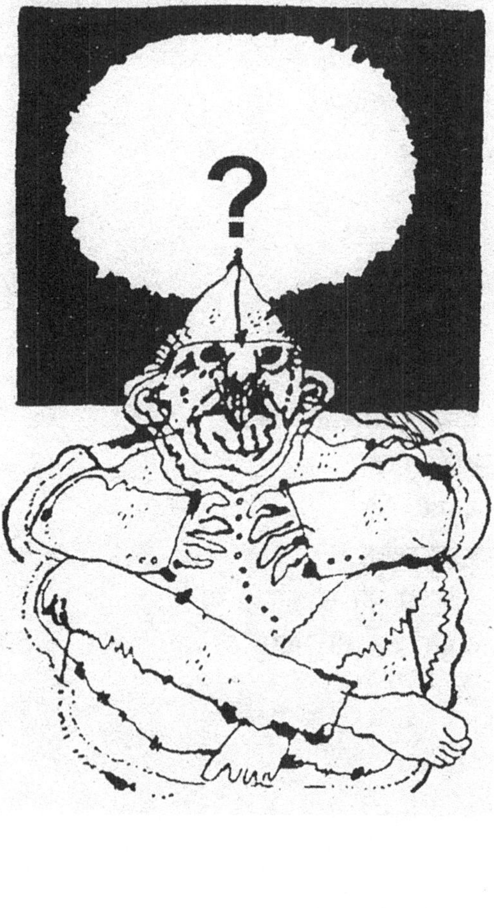

जिज्ञासा

एकाएक मंत्री जी
कोई बात सोचकर
मुस्कुराए,
कुछ नए से भाव
उनके चेहरे पर आए।
उन्होंने अपने पी॰ए॰ से पूछा–
क्यों भई,
ये डैमोक्रैसी क्या होती है?

पी॰ए॰ कुछ झिझका
सकुचाया, शर्माया।

– बोलो, बोलो
डैमोक्रैसी क्या होती है?

– सर, जहां
जनता के लिए
जनता के द्वारा
जनता की
ऐसी-तैसी होती है,
वहीं डैमोक्रैसी होती है।

डैमोक्रैसी

पार्क के कोने में
घास के बिछौने पर लेटे-लेटे
हम अपनी प्रेयसी से पूछ बैठे–
क्यों डियर!
डैमोक्रैसी क्या होती है?

वो बोली–
तुम्हारे वादों जैसी होती है!
इंतज़ार में बहुत तड़पाती है,
झूठ बोलती है सताती है,
तुम तो आ भी जाते हो,
ये कभी नहीं आती है!

एक विद्वान से पूछा
वे बोले–
हमने राजनीति-शास्त्र
सारा पढ़ मारा,
डैमोक्रैसी का मतलब है–
आज़ादी, समानता और भाईचारा।

आज़ादी का मतलब
रामनाम की लूट है,

इसमें गधे और घास
दोनों को बराबर की छूट है।
घास आज़ाद है कि
चाहे जितनी बढ़े,
और गदहे स्वतंत्र हैं कि
लेटे-लेटे या खड़े-खड़े
कुछ भी करें,
जितना चाहें इस घास को चरें।

और समानता!
कौन है जो इसे नहीं मानता?
हमारे यहां–
ग़रीबों और ग़रीबों में समानता है,
अमीरों और अमीरों में समानता है,
मंत्रियों और मंत्रियों में समानता है,
संत्रियों और संत्रियों में समानता है।
चोरी, डकैती, सेंधमारी, बटमारी
राहज़नी, आगज़नी, घूसख़ोरी, जेबकतरी
इन सबमें समानता है।
बताइए कहां असमानता है?

और भाईचारा!
तो सुनो भाई!
यहां हर कोई
एक-दूसरे के आगेचारा डालकर
भाईचारा बढ़ा रहा है।
जिसके पास
डालने को चारा नहीं है
उसका किसी से भाईचारा नहीं है।

और अगर वो बेचारा है
तो इसका हमारे पास
कोई चारा नहीं है।

फिर हमने अपने
एक जेलर मित्र से पूछा–
आप ही बताइए मिस्टर नेगी।
वे बोले–
डैमोक्रैसी?
आजकल ज़मानत पर रिहा है,
कल सींखचों के अंदर दिखाई देगी।

अंत में मिले हमारे मुसद्दीलाल,
उनसे भी कर डाला यही सवाल।
बोले–
डैमोक्रैसी?
दफ़्तर के अफ़सर से लेकर
घर की अफ़सरा तक
पड़ती हुई फटकार है!
ज़बान के कोड़ों की मार है
चीत्कार है, हाहाकार है।
इसमें लात की मार से कहीं तगड़ी
हालात की मार है।
अब मैं किसी से
ये नहीं कहता
कि मेरी ऐसी-तैसी हो गई है,
कहता हूं–
मेरी डैमोक्रैसी हो गई है!

चढ़ जाओ

बड़ी देर के बाद
जब बस आई,
तो सारी भींड़
दरवाज़े की तरफ धाई।
सब कोशिश कर रहे थे
इसलिए
कोई नहीं चढ़ पा रहा था,
और
पीछे खड़े एक आदमी को
बड़ा ग़ुस्सा आ रहा था।
बोला–

> अरे, क्यों शरमाते हो
> लुगाई की तरह,
> चढ़ जाओ, चढ़ जाओ
> महंगाई की तरह।

डी॰टी॰सी॰ बस में

हम भी
कैसी बस में चढ़े थे,
जितने लोग बैठे थे
उनसे चौगुने खड़े थे।

कोई चीख़ रहा था
कोई रो रहा था,
इतनी घिचपिच कि
सांस लेना भी
दूभर हो रहा था।

इतने में कंडक्टर बोला–
ए! कहां से बैठे हो?

हमने कहा–
यार, तुम भी
आदमी मज़ाकिया बड़े हो,
पूछते हो कहां से बैठे हैं
ये नहीं पूछते–
कहां से खड़े हो?

भोले-भाले

संसद में
प्रश्नों के उत्तर देते हुए
मंत्री जी ने कहा–
क्षमा करें!
इन मामलों में
मुझे कुछ नहीं पता।

दर्शक दीर्घा में बैठे-बैठे
मैंने पत्रकार मित्र को कुहनी मारी–
सुनो, छैल बिहारी!
आज लिखने के लिए
बहुत मसाले हैं।
लिखना– हमारे मंत्रीगण
कितने भोले-भाले हैं।

मित्र बोले–
नहीं, मैं लिखूंगा–
उजली धवल खादी में
मन के काले हैं,
ऊपर से भोले हैं,
अंदर से भाले हैं।

बहरी दीवारें

छिपकर पाप करते हो,
सोच लो–
दीवारों के भी आंख होती हैं।

सुबह-सुबह उठकर
कुल्ला नहीं करते
दांत तक नहीं मांजते हो
चारपाई पर पड़े-पड़े ही
चाय के लिए आवाज़ देते हो
तो
तुम्हारे मुंह की दुर्गन्ध
पूरे कमरे में फैल जाती है
ये नहीं जानते–
दीवारों के भी नाक होती है।

बात करते थे पहले
पूरे समाज की
न्याय की
नीति की
शासन की
राज की।

पर अब परकोटा
छोटा हो गया तुम्हारा,
व्यक्ति में सीमित हो गए हो,
लेकिन अब अकेलेपन के कारण
दीवारें काटने दौड़ती हैं।
चलो माने तो सही–
दीवारों के भी दांत होते हैं।

और भी सुनिए
बड़े-बड़े पुलों और बांधों के अचंभे,
उठाई जाती हैं दीवारें
चिने जाते हैं खंभे।
लेकिन बनते-बनते ये दीवारें
टनों मन सीमेंट खा जाती हैं,
ईंट और रोड़ों में
करोड़ों पचा जाती हैं।
इससे यही इंडीकेट होता है,
कि दीवारों के भी पेट होता है।

श्रीमान् श्री श्री ने
इमारत बनवाई
दो साल बाद
परकोटे की दीवार
दस गज आगे सरक आई
और भाई,
यह तो चमत्कार कर गई,
देखते-देखते
मैदान और पोखर भी पार कर गई।

अगर ये चाहे तो
पूरा प्रांत पार कर जाए,
चाहे तो पूरा देश ही निगल जाए।
मतलब ये कि
भले ही दिखते नहीं हैं
जूते बग़ैर होते हैं
मगर दीवारों के भी पैर होते हैं।

दीवारों के तो
छत रूपी सिर है
सिर्फ़ आदमी ही गंजा होता है,
पिछले चुनावों में
दीवारों पर दनादन
पोस्टर जो चिपके देखे
तो लगा
दीवारों के भी पंजा होता है।

चारपाई से उठकर जब
अख़बार लाते हो
तो रोज़ाना क्या पाते हो?
कितने चासनाला, दीवारें थर्रा जाते हैं,
कितने आंध्रा तूफ़ान
दीवार पर्दे की तरह
हिला जाते हैं।
जनाब, दीवार चीन की ही
क्यों न हो– पुख़्ता और नीमन,
जब भूकम्प तूफ़ान आते हैं
तो वे भी धड़कती हैं,

अच्छी-अच्छी दीवारों का
चूना फूलता है
और उनकी कलई खुल जाती है।
और जो दरार की तरह फटता है।
जानते हो क्या होता है,
बेजा नहीं कहता,
वह दीवारों का कलेजा होता है।

तो भाई!
दीवारों के आंख होती हैं
दीवारों के नाक होती है
मुंह होता है, दांत होते हैं
पेट होता है, पैर होते हैं
कलेजा होता है।
लेकिन मनुआ फिर भी रोता है,
क्योंकि जितने मकान थे
दूकान हो गए हैं,
इसी झमेले में
दीवारों के कान खो गए हैं।
बातें इतनी खुसुर-पुसुर होती हैं
कि रहस्य जन्म लेता है,
या फिर
मेरे देश की
दीवारें बहरी हो गई हैं
सुनाई नहीं देता है।

रिक्शेवाला

आवाज़ देकर
रिक्शेवाले को बुलाया
वो कुछ
लंगड़ाता हुआ आया।

मैंने पूछा–
यार, पहले ये तो बताओगे,
पैर में चोट है कैसे चलाओगे?

रिक्शेवाला कहता है–
बाबू जी,
रिक्शा पैर से नहीं
पेट से चलता है।

कटे हाथ

बगल में पोटली दबाए,
एक सिपाही थाने में घुसा
और सहसा
थानेदार को सामने पाकर
सैल्यूट मारा,
थानेदार ने पोटली की तरफ़ निहारा।

सैल्यूट के झटके में
पोटली भिंच गई,
और उसमें से
एक गाढ़ी-सी
कत्थई बूंद रिस गई!
थानेदार ने पूछा,
अबे! ये पोटली में से
क्या टपका रहा है?
क्या कहीं से
शर्बत की बोतलें
मार के ला रहा है?

सिपाही हड़बड़ाया–
हुज़ूर, इसमें शर्बत नहीं है।

– शर्बत नहीं है,
तो घबराता क्यों है, हद है।
शर्बत नहीं है, तो क्या शहद है?

सिपाही कांपा–
सर शहद भी नहीं है,
इसमें से तो
कोई और ही चीज़ बही है।

और ही चीज़!
तो ख़ून है क्या?
अबे जल्दी बता!
क्या किसी मुर्ग़े की गर्दन मरोड़ दी,
या किसी मेमने की टांग तोड़ दी?
अगर ऐसा है तो बहुत अच्छा है,
पकाएंगे,
हम भी खाएंगे,
तुझे भी खिलाएंगे।

सिपाही घिघियाया–
सर! न पका सकता हूं
न खा सकता हूं
मैं तो बस आपको दिखा सकता हूं।

इतना कहकर सिपाही ने
वो पोटली
मेज़ पर खोली,
देखते ही

थानेदार की भी आत्मा डोली।
उस पोटली से निकले
किसी नौजवान के
दो कटे हुए हाथ
थानेदार ने पूछा–
        बता क्या है बात!
        ये क्या कलेस है?

सिपाही बोला–
        हुज़ूर! रेलवे लाइन,
        एक्सीडेंट का केस है।

        एक्सीडेंट का केस है
        तो यहां क्यों लाया है,
        और बीस परसैण्ट बॉडी ले आया
        एट्टी परसैण्ट कहां छोड़ आया है?

सिपाही ने कहा–
        माई बाप!
        ये बंदा इसीलिए तो शर्मिंदा है
        क्योंकि एट्टी परसैण्ट बॉडी तो
        ज़िंदा है।
        पूरी लाश होती
        तो यहां क्यों लाता
        वहीं उसका पंचनामा न बनाता!
        लेकिन हुज़ूर
        ग़ज़ब बहुत बड़ा हो गया
        वो तो हाथ कटवा के खड़ा हो गया।

रेल गुज़र गई तो मैं दौड़ा
वो तना था, मानिन्दे हथौड़ा
मुझे देखकर मुस्कुराने लगा
और अपनी ठूंठ बांहें
हिला-हिला कर बताने लगा-
'ले जा, ले जा,
ये फ़ालतू हैं,
बेकार हैं,
और बुला ले कहां पत्रकार हैं,
मैं उन्हें बताऊंगा कि काट दिए,
किसलिए?
इसलिए कि
मैंने झेला है
भूख और ग़रीबी का
एक लंबा सिलसिला,
पंद्रह साल हो गए
इन हाथों को
कोई काम ही नहीं मिला।
हां इसलिए
इसलिए
मैंने सोचा कि फ़ालतू हैं,
बेकार हैं
इन्हें काट दूं,
और इस सोए हुए जनतंत्र के
आलसी पत्रकारों को
लिखने के लिए एक प्लॉट दूं।
प्लॉट दूं कि
इन कटे हुए हाथों में

पंद्रह साल की
रोज़ी-रोटी की तलाश है,
आदमी ज़िंदा है
और
ये उसकी तलाश की लाश है।
इन्हें उठा ले
अरे, इन दोनों हाथों को उठा ले।
कटवा के भी मैं तो ज़िंदा हूं
तू क्या मर गया?'

हुज़ूर!
इतना सुनकर मैं तो डर गया।
जिन्न है या भूत
मैंने किसी तरह
अपने आपको साधा,
हाथों को झटके से उठाया
पोटली में बांधा,
और यहां चला आया।
अब इनकी रिपोर्ट कैसे बनाऊं
इन्हें जलाऊं या दफ़नाऊं?

थानेदार बोला–
मामला सीरियस है
पर जलाने या दफ़नाने में
काहे की बहस है?
अरे नादान,
आदमी ज़िंदा है
तो दौड़ के जा

और पूछ के आ
कि हिंदू है या मुसलमान,
हिंदू है तो
हाथों की चिता बना,
मुसलमान है तो दफ़ना।

सिपाही बोला–
हुज़ूर!
अब मुझे न भेजें,
और इन हाथों को भी
अब आप ही सहेजें।

थानेदार भी चकरा गया
कटे हाथों को देखकर घबरा गया।
बोला–
इन्हें मैडीकल कॉलेज ले जा।
लड़के इन्हें देखकर नहीं डरेंगे,
इनकी चीरफाड़ करके
स्टडी करेंगे।

पता नहीं
इसके बाद क्या हुआ,
लेकिन घटना ने मन को छुआ।
अरे,
उस पढ़े-लिखे नौजवान ने
अपने दो हाथों को खो दिया
और सच कहता हूं कि
टाइम्स ऑफ़ इंडिया में

एक दक्षिणी युवक के बारे में
ये ख़बर पढ़कर
मैं रो दिया।
और सोचने लगा कि इसे पढ़कर
तथाकथित बड़े-बड़े लोग
शर्म से क्यों नहीं गड़ गए,
अरे आज आपकी ही कृपा से
एक अकेले पेट के लिए
दो हाथ भी कम पड़ गए!
वो उकता गया
आपके झूठे वादों
झूठी बातों से,
वरना वो
क्या नहीं कर सकता था
अपने इन दो हाथों से!

वो इन हाथों से
किसी मकान का
नक्शा बना सकता था,
हाथों में बंदूक थाम कर
देश को सुरक्षा दिला सकता था।
इन हाथों से
वो कोई
सड़क बढ़ा सकता था।
क्रेन से सामान चढ़ा सकता था।
और तो और
ब्लैकबोर्ड पर
'ह' से 'हाथ' लिखकर

बच्चों को पढ़ा सकता था।

मैं सोचता हूं
इन्हीं हाथों से
उसने बचपन में
तिमाही, छमाही, सालाना
परीक्षाएं दी होंगी,
मां से पास होने की
दुआएं ली होंगी।
इन्हीं हाथों में वह
प्रथम श्रेणी में पास होने की
ख़बर लाया होगा,
इन्हीं हाथों से उसने
ख़ुशी का लड्डू खाया होगा।
इन्हीं हाथों में डिग्रियां सहेजी होंगी,
इन्हीं हाथों से उसने
अर्ज़ियां भेजी होंगी।

और अगर काम पा जाता
तो ये निपूता,
इन्हीं हाथों से
मां के पांव भी छूता।
ख़ुशी के मौक़े पर
इन हाथों से ढपली बजाता,
और किसी ख़ास रात को
इन हाथों से
दुल्हन का मुखड़ा उठाता,
इन्हीं हाथों से झुनझुना बजाकर

बेटी को बहलाता,
रोते हुए बेटे के
गाल सहलाता।

पर तूने तो
काट लिए मेरे दोस्त!
लेकिन तू कायर नहीं है।
कायर तो तब होता
जब समूचा कट जाता,
और देश के रास्ते से
हमेशा-हमेशा को हट जाता।
सरदार भगतसिंह ने
ये बताने के लिए
कि देश में ग़ुलामी है
परचे बांटे,
और तूने
बेरोज़गारी है।
ये बताने के लिए हाथ काटे!

मैं कोई बड़ी बात कह रहा हूं
ऐसा तो मुझे
भ्रम नहीं है,
लेकिन प्यारे
तू किसी शहीद से कम नहीं है।

तू किसी शहीद से कम नहीं है,
क्योंकि तेरी शहादत के पीछे
लाखों बेरोज़गार नौजवानों की

क़तार है,
और उस पूरी क़तार की
यही पुकार है
कि हमारे भूखे-नंगे परिवारों को
रोज़ी-रोटी का इंतज़ाम दो,
हमें काम दो,
हमें काम दो,
हमें काम दो।

पोल-खोलक यंत्र

(एच॰ जी॰ वेल्स ने तरह-तरह के यंत्रों की कल्पना की थी। ऐसे यंत्र जिनका अभी तक अविष्कार ही नहीं हुआ। उन्होंने ऐसे ही एक यंत्र के बारे में लिखा कि यदि वह यंत्र किसी के पास हो तो उसके सामने वाला आदमी क्या सोच रहा है, ये उसे पता लग जाएगा। . . . और अब इसे हमारा सौभाग्य कहिए या दुर्भाग्य कि एक दिन जब हम अपनी श्रीमती जी के साथ बाज़ार जा रहे थे तब हमारा पांव किसी चीज़ से टकराया और हमने जब उस चीज़ को उठाया तो पाया कि ये तो वही यंत्र है।)

ठोकर खाकर हमने
जैसे ही यंत्र को उठाया,
मस्तक में शूं-शूं की ध्वनि हुई
कुछ घरघराया।
झटके से गरदन घुमाई,
पत्नी को देखा
अब यंत्र से
पत्नी की आवाज़ आई
मैं तो भर पाई!
सड़क पर चलने तक का
तरीक़ा नहीं आता,
कोई भी मैनर
या सलीक़ा नहीं आता।
बीवी साथ है
यह तक भूल जाते हैं,

और भिखमंगे नदीदों की तरह
चीज़ें उठाते हैं।
. . .इनसे
इनसे तो
वो पूना वाला
इंजीनियर ही ठीक था,
जीप में बिठा के मुझे शॉपिंग कराता
इस तरह राह चलते
ठोकर तो न खाता।

हमने सोचा–
यंत्र ख़तरनाक है!
और ये भी एक इत्तेफ़ाक़ है
कि हमको मिला है,
और मिलते ही
पूना वाला गुल खिला है।

और भी देखते हैं
क्या-क्या गुल खिलते हैं?
अब ज़रा यार-दोस्तों से मिलते हैं।
तो हमने एक दोस्त का
दरवाज़ा खटखटाया
द्वार खोला, निकला, मुस्कुराया,
दिमाग़ में होने लगी आहट
कुछ शूं-शूं
कुछ घरघराहट।
यंत्र से आवाज़ आई–
अकेला ही आया है,

अपनी छप्पनछुरी,
गुलबदन को
नहीं लाया है।

प्रकट में बोला–
ओह्हो !
कमीज़ तो बड़ी फ़ैन्सी है !
और सब ठीक है?
मतलब, भाभीजी कैसी हैं ?

हमने कहा–
भा. . .भी. . .जी
या छप्पनछुरी गुलबदन ?

वो बोला–
होश की दवा करो श्रीमन्
क्या अण्ट-शण्ट बकते हो,
भाभीजी के लिए
कैसे-कैसे शब्दों का
प्रयोग करते हो ?

हमने सोचा–
कैसा नट रहा है,
अपनी सोची हुई बातों से ही
हट रहा है।
सो फ़ैसला किया–
अब से बस सुन लिया करेंगे,
कोई भी अच्छी या बुरी

प्रतिक्रिया नहीं करेंगे।

लेकिन अनुभव हुए नए-नए
एक आदर्शवादी दोस्त के घर गए।
स्वयं नहीं निकले
वे आईं,
हाथ जोड़कर मुस्कुराईं–
        मस्तक में भयंकर पीड़ा थी
        अभी-अभी सोए हैं।
यंत्र ने बताया–
        बिल्कुल नहीं सोए हैं
        न कहीं पीड़ा हो रही है,
        कुछ अनन्य मित्रों के साथ
        द्यूत-क्रीड़ा हो रही है।

अगले दिन कॉलिज में
बी॰ए॰ फ़ाइनल की क्लास में
एक लड़की बैठी थी
खिड़की के पास में।
लग रहा था
हमारा लैक्चर नहीं सुन रही है
अपने मन में
कुछ और-ही-और
गुन रही है।
तो यंत्र को ऑन कर
हमने जो देखा,
खिंच गई हृदय पर
हर्ष की रेखा।

यंत्र से आवाज़ आई–
सरजी यों तो बहुत अच्छे हैं,
लंबे और होते तो
कितने स्मार्ट होते!

एक सहपाठी
जो कॉपी पर उसका
चित्र बना रहा था,
मन-ही-मन उसके साथ
पिकनिक मना रहा था।
हमने सोचा–
फ़्रायड ने सारी बातें
ठीक ही कही हैं,
कि इंसान की खोपड़ी में
सैक्स के अलावा कुछ नहीं है।
कुछ बातें तो
इतनी घिनौनी हैं,
जिन्हें बतलाने में
भाषाएं बौनी हैं।

एक बार होटल में
बेयरा पांच रुपये बीस पैसे
वापस लाया
पांच का नोट हमने उठाया,
बीस पैसे टिप में डाले
यंत्र से आवाज़ आई–
चले आते हैं
मनहूस, कंजड़ कहीं के साले,

टिप में पूरे आठ आने भी नहीं डाले।

हमने सोचा– ग़नीमत है
कुछ महाविशेषण और नहीं निकाले।

ख़ैर साहब!
इस यंत्र ने बड़े-बड़े गुल खिलाए हैं
कभी ज़हर तो कभी
अमृत के घूंट पिलाए हैं।
– वह जो लिपस्टिक और पाउडर में
पुती हुई लड़की है
हमें मालूम है
उसके घर में कितनी कड़की है!

– और वह जो पनवाड़ी है
यंत्र ने बता दिया
कि हमारे पान में
उसकी बीवी की झूठी सुपारी है।

एक दिन कविसम्मेलन मंच पर भी
अपना यंत्र लाए थे
हमें सब पता था
कौन-कौन कवि
क्या-क्या करके आए थे।

ऊपर से वाह-वाह
दिल में कराह
अगला हूट हो जाए पूरी चाह।

दिमाग़ों में आलोचनाओं का इज़ाफ़ा था,
कुछ के सिरों में सिर्फ़
संयोजक का लिफ़ाफ़ा था।

ख़ैर साहब,
इस यंत्र से हर तरह का भ्रम गया
और मेरे काव्य-पाठ के दौरान
कई कवि मित्र
एक साथ सोच रहे थे-
अरे ये तो जम गया!

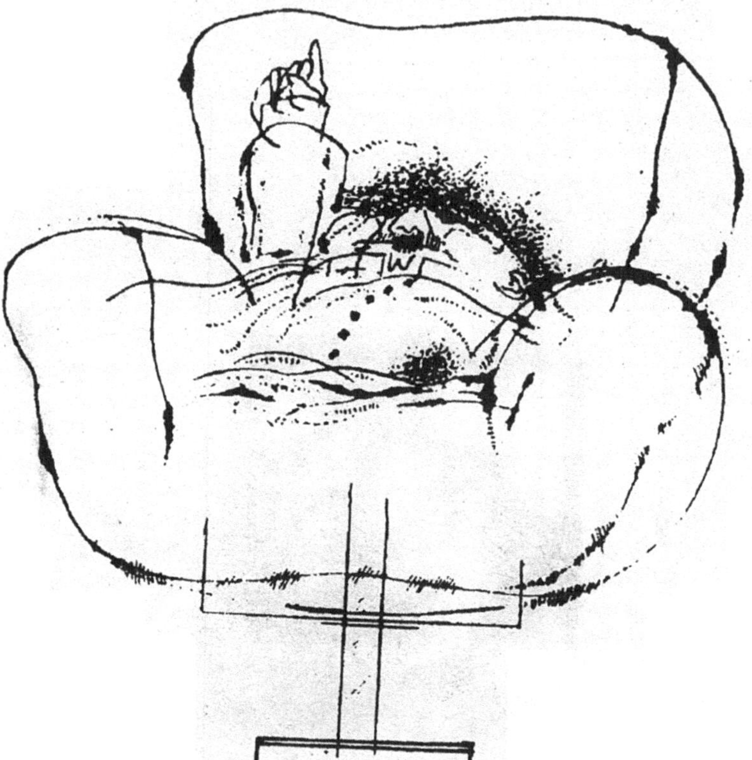

सुरसी

ज्ञात होगी आपको
त्रेता युग की वह राक्षसी–
सुरसा!
जिसके मुंह में हनुमान घुसे
और मच्छर बनकर
निकल आए थे सहसा।

विश्वस्त सूत्रों से
ज्ञात हुआ है कि
एक बहन और थी उसकी
जिसका नाम था– सुरसी।

और वह सुरसी ही
इस कलिकाल में
बन गई है कुरसी।

आदमी इसमें
मच्छर की तरह घुस जाता है,
लेकिन थोड़ी ही देर में
हाथी की तरह फूलकर
फंस जाता है।

धारा पर धारा

मंच पर बैठे-बैठे
बहुत देर हो गई थी,
हमारी एक टांग भी
सो गई थी।
सो हम उठे,
एक कवि मित्र पूछ बैठे–
कहां?
हमने अपनी कन्नी उंगली उठाई–
– वहां।

और मंच से उतर आए।
उतर आए तो सोचा
हो भी आएं,
चलो इस तरफ़ से भी
राहत पा जाएं।
फिर मंच के पिछवाड़े घूमने लगे
कोई उचित, सही-सा स्थान
ढूंढने लगे।
चलते-चलते
एक गली के मोड़ तक आ गए
सही जगह पा गए।
और जब हम गुनगुनाते हुए. . .

किसी ने कमर में डंडा गड़ाया,
मुड़कर देखा तो
सिपाही नज़र आया।
हम हैरान,
उसके चेहरे पर क्रूर मुस्कान
डंडा हटा के गुर्राया
चलो एक तो पकड़ में आया।

हमने कहा–
क्या मतलब?

वो बोला–
मतलब के बच्चे,
पब्लिक प्लेस पर
(डॉट, डॉट, डॉट)
मना है।

हमने कहा–
ऐसा कोई क़ानून नहीं बना है।

उसने कहा–
ज़बान लड़ाता है
अबे हमीं को क़ानून पढ़ाता है।
चल थाने!

और हम लगे हकलाने–
सि. . .सि. . .सिपाही जी,
हम कवि हैं,

कविताएं सुनाते हैं
आपने ग़लत आदमी को छेड़ा है।

वो बोला–
पिछले दो भी
अपने आपको कवि बता रहे थे
इसीलिए छोड़ा है।
तुझे नहीं छोड़ूंगा।
हो जा मुस्तैद,
दिल्ली पुलिस ऐक्ट सैक्शन पिचानवै
सौ रुपया जुर्माना
आठ दिन की क़ैद।
हल्ला मचाएगा,
बानवै लग जाएगी,
तू-तड़ाक बोलेगा
तिरानवै लग जाएगी।

हमने कहा–
सिपाही जी,
ये बानवै, तिरानवै, पिचानवै
क्या बलाएं हैं?

वो मूंछों पर हाथ घुमाते हुए बोला–
क़ानून की धाराएं हैं।

हमने सोचा–
वाह वाह रे क़ानून हमारा!
अरे, धारा बहाने पर भी धारा!

वो बोला—
हां, वो तो लगेगी!
और सज़ा भी भुगतनी ही पड़ेगी,
आठ दिन की क़ैद और
सौ रुपए जुर्माने के लगेंगे,
बीस रुपए दे दे
यहीं छोड़ देंगे।

अब हमारा भय कुछ भागा
और अंदर का
स्वाभिमान जागा—
रिश्वत!
रिश्वत नहीं देंगे।
चलो अब तो
थाने ही चलेंगे।

वो बोला—
पछताएगा,
यहां तो मैं ही हूं
वहां थानेदार भी खाएगा।

ख़ैर जी, थाने गए।
थाने में थानेदार को जगाया
तो ऊंघते हुए बड़बड़ाया—
अबे निखट्टू
किसे पकड़ लाया?
रफ़ा-दफ़ा कर
कुछ ले-लिवा कर।

सिपाही बोला–
हुज़ूर!
दफ़ा तो कर दूं
पर 'रफ़ा' नहीं मानता है!

– तो क्या वो इसका
अंजाम नहीं जानता है?
एफ॰ आई॰ आर॰ लिख दे
पच्चीस-चउअन-उनसठ
जेब में चक्कू रख दे।

सिपाही बोला–
हुज़ूर
इसका चौखटा, इसका चेहरा-मोहरा
चक्कू से मेल नहीं खाता है।

थानेदार गरजा–
तो उल्लू की दुम
ऐसों को पकड़कर ही क्यों लाता है?
सोलह-एक-चौदह ही लगा दे
बीस ग्राम चरस
बरामद दिखा दे।

चरस और चक्कू सुनकर
माथा चकराया,
कुछ बोलें, इससे पहले
जेल का सींखचा नज़र आया।
बीस का नोट हमने

सिपाही को सौंपा,
मगर वह बोला—
    बीस वहां थे,
    यहां सौ लगेंगे।

हमने कहा—
    भैया, कविसम्मेलन से मिल जाएं
    तो वह भी देंगे।
ख़ैर साहब,
किसी तरह सिपाही जी को
संतुष्ट करके
कविसम्मेलन में आ गए,
और सोचने लगे
कि अपना नाम
'अशोक चक्रधर' से बदल कर
'शोक चक्रधर' ही रख लें,
और अपने नाम के 'अ' को
थाने की दीवार पर लिख दें।

वहां पहले से लिखा हुआ है—
'सत्यमेव जयते'
कल से लोग पढ़ा करेंगे—
'असत्यमेव जयते।'

सिपाही और कविता

दरवाज़ा पीटा किसी ने सवेरे-सवेरे,
मैं चीख़ा–
भाई मेरे!
घंटी लगी है
बटन दबाओ,
मुक्केबाज़ी का
अभ्यास मत दिखाओ।

दरवाज़ा खोला तो सिपाही था,
हमारे दिमाग़ के लिए
तो पहले से
तबाही था।
सुबह-सुबह ख़ाकी वर्दी,
लगने लगी सर्दी।
पूछा–
कैसे पधारे?

बोला–
अब तो देख लिया है
इसलिए रोज़ाना आया करेंगे
आपके द्वारे।

रोज़ाना आएंगे!
अब हमें पसीने आ गए,
खोपड़ी पर
भयानक काले बादल छा गए।
– क्या कहा
रोज़ाना आएंगे?
यानि हमें किसी
झूठे केस में फंसाएंगे?

सिपाही बोला–
नहीं, नहीं, अशोक जी
ऐसा मत सोचिए,
पहले पसीना पोंछिए।
मैं करतार सिंह
पुलिस में हवलदार हूं,
लेकिन मूलतः एक कलाकार हूं।
मुझे सही रास्ता दिखा दें,
मैं आपका शिष्य बनना चाहता हूं
मुझे कविता लिखना सिखा दें!

सुनकर तसल्ली हुई,
हम भी हैं छुईमुई।
बेकार घबराए हैं।
– अच्छा तो आप
कविता सीखने आए हैं?
लेकिन
पुलिस और कविता!
देखो भई

मामला नहीं जमता।

वो बोला–

मामले को तो मैं जमाऊंगा,
तुम तो बस चेला बना लो
जैसी कहोगे लिखके दिखाऊंगा।

हमने सोचा, ये तो 'आप' से
'तुम' पर आ गया,
मामले से पहले
हमीं को जमा गया।
ख़ैर,
इसकी बातों का सिर न पैर,
पूछा–

पहले लिखी हैं?

बोला– सुनाऊं?
मैंने कहा–

नहीं नहीं, अभी नहीं
दरअसल मैं बताऊं
शिष्य मैं ऐसे नहीं बनाता हूं,
पहले एक विषय बताता हूं।
उस पर लिखकर दिखाओ,
आज नहीं फिर कभी ले आओ।
कविता में दम हुआ तो शिष्य बनाऊंगा,
वरना क्षमा चाहूंगा।

वो उतावली में बोला–

क्या विषय है?

मैंने कहा–

सुनो, शाम का समय है
पहाड़ों के पीछे सूरज डूब रहा है,
चिड़ियां चहचहा रही हैं
मेंढक टर्रा रहे हैं
और कोई आदमी
बैठा-बैठा ऊब रहा है।
तो शाम का समय
और आदमी की उदासी,
इस पर कविता लिखकर दिखाओ
लंबी नहीं ज़रा-सी।

वो बोला–

अच्छा नमस्कार!
चलता हूं,
कल मिलता हूं।

मैंने चैन की सांस ली,
सोचा, कविता लिखना मज़ाक नहीं।
लेकिन वो तो
अगले दिन ही आ धमका,
एक हाथ में डंडा
दूसरे में काग़ज़ चमका।

– सुनिए गुरूजी और देना शाबाशी
शाम का समय और आदमी की उदासी
कविता लंबी नहीं, ज़रा-सी!
सुनिए–

कुतवाली के घंटे जैसा
पीला-पीला सूरज
धीरे-धीरे एस॰पी॰ के चेहरे सा
गुलाबी हो गया,
जी शिताबी हो गया।
फिर जेबकतरे की
फोड़ी गई खोपड़ी सा
लाल हो गया
जी कमाल हो गया।
हथकड़ियों की खनखनाहट
ऐसे चिड़ियां चहचहाएं,
बैरक के ख़र्राटों जैसे
मेंढक भी टर्राएं।
सिपाही की वर्दी जैसे
पर्वतों के पीछे सूरज
दिन दहाड़े सबके आगे
तस्करों की तरह फ़रार हो गया,
जी अंधकार हो गया।
और ऐसे में एक सिपाही
जेबकतरे की
जेब ख़ाली मिलने से
उदास हो गया,
जी निराश हो गया।
ये शाम क्या हुई
सत्यानाश हो गया।

गुरूजी कैसी लगी कविता?
चेला जमता कि नहीं जमता?

मैंने कहा–
    मान गए यार,
    तुम कवि भी उतने अच्छे हो
    जितने अच्छे हवलदार।
    तुम लिख सकते हो,
    इतना बता दूं।
वो बोला–
    तो नारियल लाऊं,
    गंडा बांधूं?

– नहीं, नहीं,
    गंडा-वंडा सब बेकार है,
    तुम्हें शिष्य बनाना
    मुझे स्वीकार है।
    जो देखो सो लिखो–
    यही गुरुमंत्र है,
    वैसे तुम्हारी लेखनी
    स्वतंत्र है।
    जो चाहे लिखो,
    लेकिन मस्त दिखो।

इस तरह
मैंने उसे टरकाया,
लेकिन अगले दिन
वो तो फिर आया।
मैंने पूछा–
    कहो करतार!
    क्या लिख लाए इस बार?

बोला–

गुरूजी ग़ज़ब हो गया,
एक आदमी का क़त्ल हो गया।

मैंने पूछा–

किसका हुआ?

वो बोला–

भगवान की दुआ!
ग़ज़ब हो गया, मैंने इसलिए नहीं कहा
कि क़त्ल हो गया
वो तो होते रहते हैं,
पर इस क़त्ल के चक्कर में
अपनी कविता बन गई गुरूजी
मुक़द्दर इसको कहते हैं।
नई कविता सुनिए–
डंडे का जैसे ही काम ख़त्म हुआ था
मुजरिमों को पीट के निश्चिंत हुआ था।
वैसे ही दरोगा ने
बुला लिया मुझे
बोला क़त्ल हो गया है
जाओ जल्दी से।
तो दरवाज़े पे औंधे मुंह
इक लाश पड़ी थी,
लाश की कलाई में
एच॰एम॰टी॰ घड़ी थी।
गले में सोने की चेन
रस्सी के निशान

और तुक देखना गुरूजी निशान की,
क्या मिलाई है–
गले में सोने की चेन, रस्सी के निशान
चार बार चाकू किया पीठ में प्रदान।
हत्यारा भी कोई बुद्धिजीवी बड़ा था
एक भी निशान उसने नहीं छोड़ा था।
फिर भी फ़ोटो लिए फ़ोटोग्राफर ने कई
मैं भी खड़ा था, फ़ोटो मेरी भी आ गई।
कल मैं फ़ोटोग्राफर से एक कॉपी लाऊंगा
लाश काट के मैं फ्रेम में लगाऊंगा।
हां, तो उसके बाद पंचनामा बनाया
फ़िंगर-प्रिण्ट वाला ज़रा देर से आया।
लाश को फिर हमने एम्बुलैंस में फेंका
मैंने भी नज़रें बचा के मौका इक देखा।
पिछवाड़े आया तो मुझे
बैंच एक दिखी

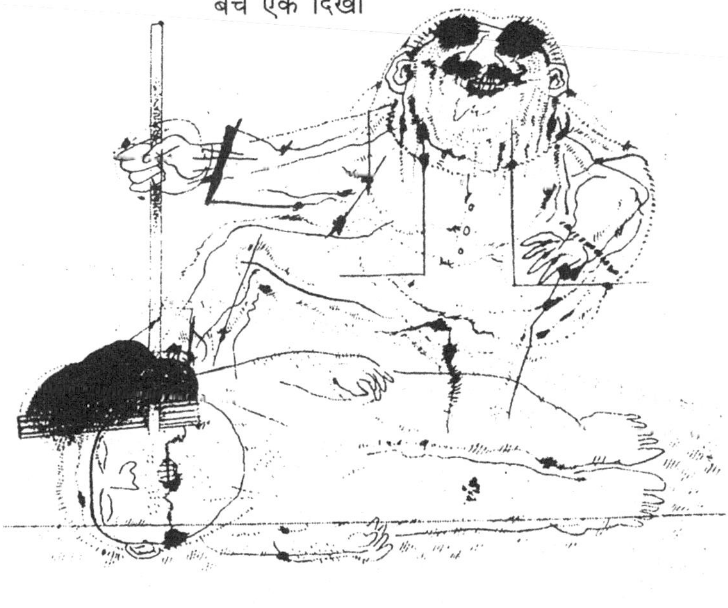

और बैठ के उस बैंच पर
ये कविता लिखी।
कहिए गुरूजी !

मैं मौन था,
मैंने पूछा–
जिस आदमी का क़त्ल हुआ
वो कौन था?

वो बोला–
कोई-न-कोई तो होगा
ये सब तो पता करेगा दरोगा।

मैंने कहा–
दरोगा की दुम,
बाहर निकल जाओ तुम।
ये कविता है?
या कविता की चिता है?

वो बोला–
गुरूजी, वही तो लिखा है
जो दिखता है।

मुझे ग़ुस्सा आया–
जो दिखता है,
बस यही दिखता है,
तुझे अपना घर नहीं दिखता,
पड़ौस नहीं दिखता,

समाज नहीं दिखता,
तू इन सब पर
क्यों नहीं लिखता?

वो लौट गया
लेकिन अगली बार जब वो फिर आया
तो कुछ उदास-उदास कुछ मुरझाया-मुरझाया।
मैंने पूछा–
क्या हुआ करतार?

बोला–
घर पर लिखी है इस बार।
शीर्षक है– 'हर बार'।
सुनिए–
हर बार दमियल मां की अंग्रेज़ी दवाई
और आटा-गुड़ की मंहगाई
बराबर की तनखा खा जाती है,
हर बार
मुनिया स्लेट को रोती रह जाती है,
हर बार चंपा की धोती रह जाती है।
हर बार मकान मालिक
सिपाही से नहीं डरता है,
हर बार राशन वाला
इंतज़ार नहीं करता है।
हर बार वर्दी धुलवाना ज़रूरी है,
हर बार पॉलिश लगवाना मजबूरी है,
लेकिन मुरझाए चेहरों पर
चमक नहीं आती है,

आफ़तों की कांटा-बेल
घर भर पर और छा जाती है।
मुनिया स्लेट को
रोती रह जाती है हर बार
हर बार चंपा की धोती रह जाती है
हर बार।

मैंने कहा–
वाह करतार!
बधाई है,
इस बार तो तुमने
सचमुच कविता सुनाई है।
और अब मैं
गुरु और चेले की बात भूलूं,
तुम्हारे चरण कहां हैं, आओ छू लूं।
और ये सच है करतार,
मेरे कवि-मित्र, मेरे यार,
कि कविता लिखना कोई क्रीड़ा नहीं है,
और जिस कविता में
मानवता की पीड़ा नहीं है
जिसमें ज़माने की गर्द नहीं है
और जिसमें इंसानियत का दर्द नहीं है,
वो कुछ भी हो सकती है
लेकिन कविता नहीं है।
कविता नहीं है।
कविता नहीं है।

नर्क

जब मैंने उन्हें बताया कि
हर तरफ लूट है, खसोट है
मारामारी है
रिश्वतखोरी है
कालाबाज़ारी है
बेईमानी धुंआधार है
हर तरफ भ्रष्टाचार है,
तो नहीं माने।
बोले—
        थोड़ा-बहुत है
        लेकिन तुम कवि लोग तो
        हर समय ही मारते हो ताने।
        व्यवस्था की
        खूबियां नहीं दिखाते
        अच्छाइयों के गुण नहीं गाते।

संयोग से अगले दिन
लाइसेंस में एक नाम
ठीक कराने के लिए
वे म्युनिसिपल कमेटी के
दफ़्तर गए।

वहां चपरासी ने दस
क्लर्क ने बीस
अफ़सर ने पचास और
अफ़सर के अफ़सर ने
सौ रुपए खाए,
तो दौड़े-दौड़े मेरे पास आए।
बोले–
    यार, मार दिया
    पूरे एक सौ अस्सी का
    चक्कू उतार दिया।

मैंने कहा–
    हुज़ूर, दूसरों का सच
    आसानी से नहीं झिलता,
    और अपने मरे बिना
    नर्क नहीं मिलता।

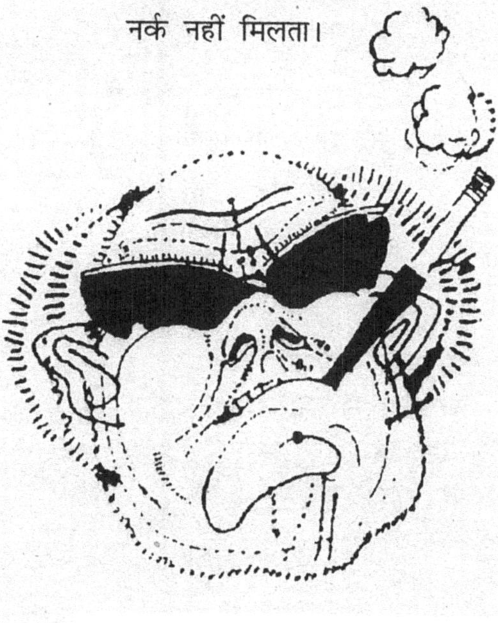

चट्टे मियां बट्टे मियां

थैली से निकलकर
चट्टे मियां ने चुनाव लड़ा
थैली से ही निकलकर
बट्टे मियां ने भी चुनाव लड़ा।
चट्टे मियां जीत गए,
थैली में आ गए,
बट्टे मियां हार गए
थैली में आ गए।
थैली मगर थैली थी
खुशियों में फैली थी
बोली–
　　मेरी ही बदौलत
　　ये सब हट्टे-कट्टे हैं,
　　और
　　कोई फ़र्क नहीं पड़ता मुझ पर
　　कोई हारे या जीते
　　ये सब मेरे ही
　　चट्टे-बट्टे हैं।

अगली बार चट्टे मियां और बट्टे मियां
फिर मैदान में आए,

मूंछों में मुस्कुराए।
चट्टे बोला–

देख बट्टे
हमारे अनुभव
कभी मीठे कभी खट्टे रहे,
सुख दुख तो दोनों ने
बराबर ही सहे।
पर इस बार
स्थिति मज़ेदार बड़ी है,
हम दोनों वोटर हैं
चुनाव में जनता खड़ी है।
बोलो कौन सी जनता लोगे
मुझे कौन सी दोगे?

और बंधुओ,
कवि ने उस समय खोपड़ी धुन ली,
जब सुख, समृद्धि
और खुशहाली के लिए
चट्टे और बट्टे ने
एक एक जनता चुन ली।

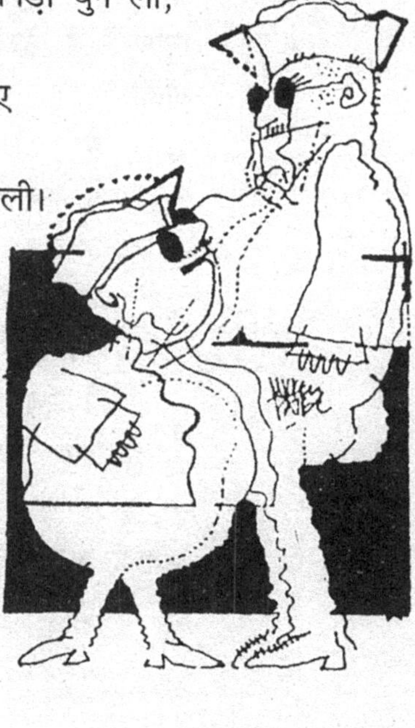

बढ़ई संवाद

संसद भवन के गलियारे में
कुर्सियां बनाते हुए
एक बढ़ई ने
दूसरे बढ़ई से कहा–
क्या तेरा दिमाग़
भन्ना रहा है,
कुर्सियां इतनी गुदगुदी
क्यों बना रहा है?

दूसरा बोला–
अरे बंभोला!
इन पर जो बैठेंगे
बहुत बड़े लोग हैं,
और बहुत बड़े लोग हैं न,
इसीलिए उन्हें बड़े ही रोग हैं।
गुदगुदी इसलिए बनाई हैं
कि पाइल्स के रोगी को
कष्ट न हो
गैस-गोला इत्यादि-इत्यादि का
रोगी भी
असंतुष्ट न हो।

पहले ने कहा–
अरे ओ मूढ़मता!
शायद तुझे ये नहीं पता
कि इन गुदगुदी कुर्सियों पर
बैठ कर ये लोग
सत्ता के नशे में
झूल जाते हैं,
और हम-तुम जैसे
कुर्सियां बनाने वालों को
भूल जाते हैं।

इसलिए
कुर्सियां गुदगुदी मत बना,
हो सके तो इनमें
खड़ी आलपिनें लगा।

और बेटा
आलपिनें लगाने में
कैसा संकोच
तू चंद लोगों के
चंद रोगों के बारे में नहीं,
इस देश की
रोती-बिलखती
जनता के बारे में सोच।

दूसरा बोला–
आलपिनें लगाने में
भला कैसा संकोच!

तू कहे तो मैं
रोगों की जड़ ही मिटा दूं,
इस कुर्सी पर
एक खड़ा
रामपुरी चक्कू लगा दूं?

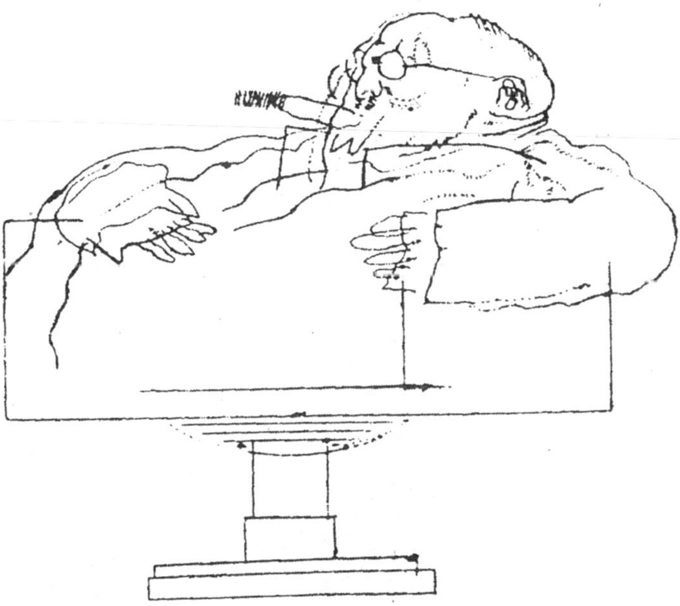

आलपिन कांड

बंधुओ, उस बढ़ई ने
चक्कू तो ख़ैर नहीं लगाया
पर आलपिनें लगाने से
बाज़ नहीं आया।
ऊपर चिकनी-चिकनी रैक्सीन
अंदर ढेर सारे आलपीन।

तैयार कुर्सी
नेताजी से पहले दफ़्तर में आ गई,
नेताजी आए
तो देखते ही भा गई।
और,
बैठने से पहले
एक ठसक, एक शान के साथ
मुस्कान बिखेरते हुए
उन्होंने टोपी संभालकर
मालाएं उतारीं,
गुलाब की कुछ पत्तियां भी
कुर्ते से झाड़ीं,
फिर गहरी उसांस लेकर
चैन की सांस लेकर
कुर्सी सरकाई

और भाई, बैठ गए।
बैठते ही ऐंठ गए।
दबी हुई चीख़ निकली, सह गए
पर बैठे-के-बैठे ही रह गए।

उठने की कोशिश की
तो साथ में कुर्सी उठ आई
उन्होंने ज़ोर से आवाज़ लगाई–
किसने बनाई है?

चपरासी ने पूछा– क्या?

क्या के बच्चे कुर्सी!
क्या तेरी शामत आई है?
जाओ फ़ौरन उस बढ़ई को बुलाओ।

बढ़ई बोला–
सर मेरी क्या ग़लती है
यहां तो ठेकेदार साब की चलती है।

उन्होंने कहा–
कुर्सियों में वेस्ट भर दो
सो भर दी
कुर्सी आलपिनों से लबरेज़ कर दी।
मैंने देखा कि आपके दफ़्तर में
काग़ज़ बिखरे पड़े रहते हैं
कोई भी उनमें
आलपिनें नहीं लगाता है

प्रत्येक बाबू
दिन में कम-से-कम
डेढ़ सौ आलपिनें नीचे गिराता है।
और बाबूजी,
नीचे गिरने के बाद तो
हर चीज़ वेस्ट हो जाती है
कुर्सियों में भरने के ही काम आती है।
तो हुज़ूर,
उसी को सज़ा दें
जिसका हो कुसूर।
ठेकेदार साब को बुलाएं
वे ही आपको समझाएं।
अब ठेकेदार बुलवाया गया,
सारा माजरा समझाया गया।

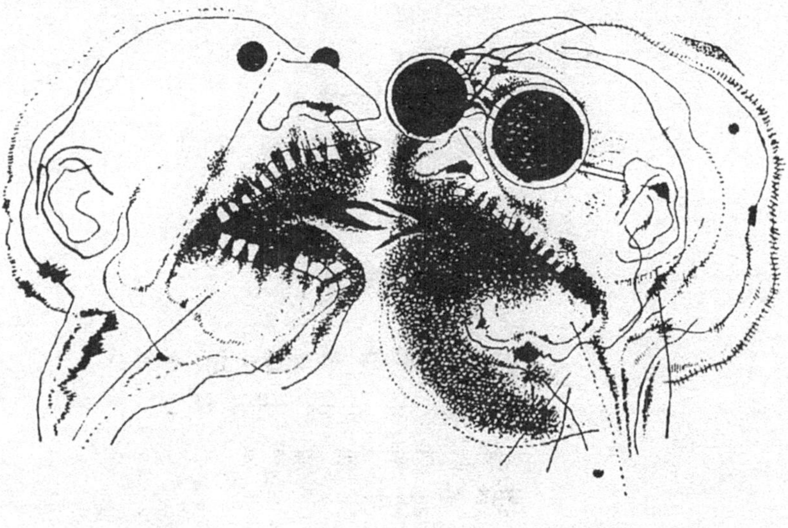

ठेकेदार बोला—

बढ़ई इज़ सेइंग वैरी करैक्ट सर!
हिज़ ड्यूटी इज़ ऐब्सोल्यूटली
परफ़ैक्ट सर!
सरकारी आदेश है
कि सरकारी सम्पत्ति का सदुपयोग करो
इसीलिए हम बढ़ई को बोला
कि वेस्ट भरो।
ब्लंडर मिस्टेक तो आलपिन कंपनी के
प्रोपराइटर का है
जिसने वेस्ट जैसा चीज़ को
इतना नुकीली बनाया
और आपको
धरातल पे कष्ट पहुंचाया।
वैरी वैरी सॉरी सर।

अब बुलवाया गया
आलपिन कंपनी का प्रोपराइटर
पहले तो वो घबराया
समझ गया तो मुस्कुराया।
बोला—

श्रीमान,
मशीन अगर इंडियन होती
तो आपकी हालत ढीली न होती,
क्योंकि
पिन इतनी नुकीली न होती।
पर हमारी मशीनें तो
अमरीका से आती हैं

और वे आलपिनों को
बहुत ही नुकीला बनाती हैं।
अचानक आलपिन कंपनी के
मालिक ने सोचा
अब ये अमरीका से
किसे बुलवाएंगे
ज़ाहिर है मेरी ही
चटनी बनवाएंगे।
इसलिए बात बदल दी और
अमरीका से भिलाई की तरफ
डायवर्ट कर दी–
सर, दूसरी बात ये
कि हमारा कच्चा माल
यानि लोहा
भिलाई से
रिफ़ाइंड होके आता है
और कोई लोहा तो
मशीन में अड़ जाता है
इसलिए भिलाई कारख़ाने के
मैनेजर को बुलवाइए
और उन्हीं से पुछवाइए
कि क्या वे ब्लाइंड होके
लोहा रिफ़ाइंड करते हैं
हम जैसे ही उनका लोहा
मशीन में धरते हैं
तार खिंचकर पिघलता है।
तो काटने पर
नुकीला ही निकलता है।

अब फिर फ़ोन खड़के
भिलाई से प्लेन द्वारा
मैनेजर आए तो
नेताजी भड़के—
कैसा लोहा बनाते हैं?
मैनेजर बोला—
सर हम क्या बनाते हैं।
रूस की मदद से लाते हैं।
सर,
मैं सारी बातें सुन चुका हूं
मेरे हिसाब से
आप अगर इस मामले को उठाएंगे
तो पछताएंगे
आलपिन-कांड, वाटरगेट या
प्रतिभा प्रतिष्ठान बन जाएगा,
आपका नाम भी
कीचड़ में सन जाएगा।
आलपिन अमरीकन मशीन पर बनी
इसलिए विरोधी दल आपको
सी॰आई॰ए॰ का एजेण्ट कहेंगे,
उधर रूसी अपनी मदद
बंद कर देंगे।
इसलिए, थोड़ी बहुत पीड़ा सहिए,
जैसी भी मिली है
बैठे रहिए।

देर कर दी

नदी में डूबते हुए एक आदमी ने
पुल पर चलते आदमी को देखकर
आवाज़ लगाई– बचाओ।

पुल पर चलते आदमी ने
नीचे रस्सी गिराई
और कहा– आओ।

लेकिन डूबता हुआ आदमी
रस्सी पकड़ नहीं पा रहा था,
रह रह कर चिल्ला रहा था–
मैं मरना नहीं चाहता
बड़ी मंहगी ज़िंदगी है,
कल ही तो
ए॰ बी॰ सी॰ कंपनी में
मेरी नौकरी लगी है।

इतना सुनते ही
ऊपर वाले आदमी ने
अपनी रस्सी खींच ली,
और उसे डूबकर मरता देख
अपनी आंखें मींच लीं।

और दौड़ता-दौड़ता
ए० बी० सी० कंपनी आया
हांफते-हांफते उसने
अधिकारी को बताया–
देखिए,
अभी-अभी आपका एक आदमी
डूबकर मर गया है
और इस तरह
आपकी कम्पनी में
एक जगह
ख़ाली कर गया है।
लीजिए, मेरी डिग्रियां संभालें,
बेरोज़गार हूं, मुझे लगा लें।

अधिकारी हंसते हुए बोला–
दोस्त, तुमने देर कर दी
अभी दस मिनिट पहले
हमने ये जगह भर दी।
और इस नौकरी पर हमने
उस आदमी को लगाया है,
जो उसे धक्का देकर
तुमसे पहले यहां आया है।

घपला

एक इंस्पैक्टर
पुल निर्माण कार्य की
जांच करने आया,
नदी पर तो नहीं
लेकिन
ठेकेदार और इंजीनियर के बीच
उसने पुल बना पाया।

और पुल!
पुल भी बेहद मज़बूत
न कहीं टूट-फूट
न कहीं दरार,
खुश इंजीनियर
खुश ठेकेदार।

शाम के समय
जब इंस्पैक्टर कार्यालय पहुंचा
तो ऑफ़ीसर ने पूछा–
क्या समाचार लाए?
बड़ी जल्दी लौट आए।

इंस्पैक्टर बोला–

सर, हालात का क्या कहना है,
पुल नदी पर नहीं
ठेकेदार और इंजीनियर के बीच
बना है।
घपला है सर
बहुत घपला है
और मेरा अध्ययन तो
ये बताता है,
कि सामान
इधर से उधर जाता है।

ऑफ़ीसर ने पूछा–

इसका प्रमाण?

इंस्पैबटर बोला–

प्रमाण के रूप में
इनकी जीती-जागती संतान।
सर, घपला है
इस बात की ख़बर
इनकी संतानों से ही मिलती है,
क्योंकि ठेकेदार के बेटे की शक़्ल
इंजीनियर से
और
इंजीनियर के बेटे की शक़्ल
ठेकेदार से मिलती है।

बीन

एक मोटी सेठानी ने
अपने घर बुलाया,
चाय भी पिलाई
नाश्ता भी कराया।
फिर साधिकार बोलीं–
    ड्राइंगरूम में आइए
    चलिए, एक कविता सुनाइए।

हमने सुनाई।
वे बोलीं–
    समझ में नहीं आई।

हमने कहा–
    हम आपको
    कविता कहां सुना रहे थे,
    हम तो आपके आगे
    बीन बजा रहे थे।

कहानी

गंवई गांव की
एक सीधी-सादी अनपढ़ औरत
अचानक हो गई दीवानी,
सुनिए एक कहानी।

हुआ यों कि
दोपहर में
डाकिया एक ख़त लाया
अनपढ़ औरत ने
उसी से पढ़वाया।
मन-ही-मन में ख़त पढ़कर
डाकिए ने पूछा–
क्यों री!
तेरा आदमी
फ़ौज में सिपाही है?

बोली– हां!

– तीन साल पहले ब्याही है?

बोली– हां!

– शादी के दो महीने बाद ही
फ़ौज में बुलाया गया ?

बोली– हां !

– और तब से वो
अब तक नहीं आया ?

बोली– हां !

– तो सुन,
ये ख़त ये बता रहा है,
कि तेरा सिपहिया
आज शाम की गाड़ी से
आ रहा है।

ये ख़बर
उस औरत के
तन-बदन में नाचने लगी,
और ख़त छीनकर
वो बिना पढ़ी-लिखी औरत
अपनी उंगलियों की पोरों से
उसका एक-एक अक्षर
बांचने लगी।

ख़ुशी में रोने लगी,
कुछ-कुछ
बौराई-सी होने लगी।

कभी इधर भागे
कभी उधर भागे
कभी ठगी-सी ठहर जाए
सोते से जागे।

ख़बर किस-किस को सुनाए
कुछ समझ ही न पाए।
– नहीं, नहीं
ख़बर किसी को नहीं सुनाऊंगी
सुनाऊंगी तो मारी जाऊंगी।
घर बाहर वाले
सब घेर लेंगे,
मेरे पास आने नहीं देंगे।
मैं तो दरवज्जा बंद करके
यहीं पे रिझाऊंगी,
उसके लिए बढ़िया-सी
रसोई पकाऊंगी,
अपने हाथ से खिलाऊंगी।
पंखा झलूंगी और
पानी पिलाऊंगी।

हाय राम,
क्या चीज़ सबसे ज़्यादा
अच्छी लगती है उसको,
क्या बनाऊं,
क्या खिलाऊं,
क्या पिलाऊं?
पिलाऊं!

अरी दैया
बात कितनी ख़राब है,
उसकी तो सबसे प्यारी चीज़
शराब है
मना करने पर भी
रोज़मर्रा लाता था,
शाम होते ही वो तो
ठर्रा चढ़ाता था।
पर अब ख़ातिर करनी है तो
एक दिन की छूट दे दूंगी
कुछ उल्टी-सीधी नहीं कहूंगी।

लेकिन ठर्रा कहां से आए
ऐसी चीज़
भला किससे मंगवाए?
तभी उसे ध्यान आया कि
ज़्यादा न पी जाए
इस डर से
उसने एक बोतल छिपा दी थी,

पेड़ के नीचे दबा दी थी।
तो वो दौड़ी-दौड़ी गई
और बोतल निकाल लाई
और ख़ातिरदारी में
ऐसा निखार लाई कि
उसने बक्से पर
एक कपड़ा बिछा दिया,
और बोतल के साथ
गिलास रखकर सजा दिया।
फिर
इंतज़ारी की बेक़रारी में
सोचने लगी कि
एक बार तो उसने
मुझसे भी कहा था कि– पी!
मैंने कहा था– नहीं जी।
तो उसने ज़बर्दस्ती की
गिलास मुंह से लगाया था,
मैंने फोड़ दिया
तो मेरे ऊपर हाथ उठाया था,
हालांकि बाद में पछताया था।
पर आज तो उसकी तमन्ना
कर दूंगी पूरी
साथ में उसके
मैं भी पिऊंगी।

और कहूंगी–
देखो तुम्हारी तमन्ना मैंने
कर दी पूरी,

पर आज के बाद
मत लाना ये अंगूरी।
प्यार-प्यार में मान जाएगा
शायद इसके बाद
फिर कभी नहीं लाएगा।

और दोस्तो,
उसने एक गिलास और
सजा दिया बक्से पर।

उस दिन,
बड़ी रुक-रुक कर शाम आई
धुक-धुक करता
दिल धड़का
छुक-छुक करती रेल आई
लेकिन सीटी की आवाज़ सुनते ही
वो औरत सिहर गई
क्योंकि एक बात सोचते ही
उसकी सारी साधना
बिखर गई।

अरे वो तो बोतल के साथ
बरफ़ भी लाता था
बरफ़ के साथ ही
ठर्रा चढ़ाता था।
अब बरफ़ किससे मंगवाऊं,
चलो ख़ुद ही ले आऊं।
उसने लंबा घूंघट काढ़ा

और बरफ़ लेने दौड़ गई,
पर इधर तो
कुछ और ही बात हुई।
पीछे से सिपाही आया,
खुला दरवाज़ा
बक्से पर बोतल
दो ख़ाली गिलास
देखकर चकराया।
माथा ठनका,
कमज़ोर मन का
वो सिपाही
उसे दृश्य कचोट गया,
और औरत को
बदचलन जानकर लौट गया।

इधर औरत बरफ़ लाई,
आते हुए बूटों के निशान
जाते हुए बूटों के निशान
कुछ समझ नहीं पाई।
और मित्रो
कहानी ख़तम, पैसा हज़म
आप कहेंगे इस कहानी में क्या दम?
कहानी बेकार है,
फ़ालतू सुनाई है
इसमें क्या सार है।

तो मित्रो,
ये कहानी मैंने

आपको इसलिए सुनाई है
कि आप इतने सारे लोग इसे सुनें
और कभी संयोग से
किसी गली में, सड़क पर
मौहल्ले या बाज़ार में
वो फ़ौजी आपको मिले
तो उसे असलियत बता देना
उसे समझा देना
कि तेरी औरत आज भी
तेरे आते हुए बूटों के निशानों पर
उंगलियां फिरा रही है,
और तेरे जाते हुए बूटों के
निशानों को अपने
आंसुओं से मिटा रही है।

लौट जा, लौट जा
उसका बहुत ऊंचा चरित्र है।
लौट जा मूरख,
उसकी आस्था तो,
गंगा से भी ज़्यादा पवित्र है।

बीयर कैसे पिऊं

बहुत दिनों से मन में था
कि किसी एक दिन
ज़रा ढंग से
मौज-मस्ती से जिऊं,
एक बोतल ठंडी-ठंडी
बीयर पिऊं।

लेकिन फ़ैसला किया
कि बीयर-बाज़ी उसी दिन होगी
जिस दिन अख़बार में
एक भी औरत के
जलकर मरने की ख़बर
नहीं होगी।

महीनों हो गए, भाई-साहब!
रोज़ाना अख़बार देखता हूं,
कई-कई औरतों के जलकर मरने की
ख़बर नज़र आती है
और मेरी बीयर रह जाती है।

क्या करूं, कहां जाऊं?

कैसे इन नासपीटी करमजली
औरतों को समझाऊं–
कि घास-फूस की तरह
ऐसे रोज़ाना मत जलो,
अरी कम्बख़्तो!
हफ़्ते में नहीं सही,
महीने में एक दिन
मेरी एक बीयर की ख़ातिर
नागा कर लो।

अरे क्या बिगड़ जाएगा तुम्हारा
अगर मेरे लिए
एक दिन छोड़ दोगी,
सिर्फ़ एक दिन के लिए
मौत से मुंह मोड़ लोगी?
लेकिन कैसी मिन्नत
और कैसी गुहार,
अंधी घाटियों की नाकारा पुकार!

धकाधक जलती हैं,
धुआंधार जलती हैं,
रोज़ाना जलती हैं,
लगातार जलती हैं?

वो इसलिए जली
कि दहेज नहीं था,
साथ में भारी लगेज नहीं था।
दूसरी के पास मरने का

दूसरा बहाना था,
यही कि पति का
किसी और से याराना था।
तीसरी को उसकी सास पीटती थी,
डंडों से मारती थी,
घसीटती थी।
एक का पति
उसके पास नहीं आता था,
अपना पैसा
किसी और पर
लुटाता था।
एक तो ऐसे मरी
कि पैसे ही नहीं थे,
अपने या पति के
कैसे भी नहीं थे।
माना कि इन सब में
हालात की मजबूरी है,
लेकिन मूर्खाओ!
जलना क्या ज़रूरी है?

अरे सामने आतीं,
सबको ठिकाने लगातीं।
सास पीटती थी, तो उसे
खाने में जुलाब दे देतीं,
पति को क्लोरोफ़ार्म का
गुलाब दे देतीं,
वो कहीं जाता था,
तो तुम भी चली जातीं।

आत्महत्या वो करता,
तुम तो न कर पातीं।
और तुम न कर पातीं
तो मैं बीयर तो पीता
कम-से-कम
एक दिन तो ज़रा
ढंग से जीता!
हमारे देश में
क़ानून भी बड़ा महान है,
यहां हत्या को
आत्महत्या सिद्ध करना
बड़ा आसान है।
और मैं हैरान हूं
कि ये जितने भी
स्टोव और अंगीठियां हैं
सिर्फ़ बहू को पहचानते हैं
कभी भी सास को नहीं जलाते हैं।

ये पुलिस भी
मेरी कोई मदद नहीं करती है
सब कुछ हो चुकता है न,
उस समय पहुंचती है!
पुलिस को
मेरी एक सलाह है. . .
कि हर नवविवाहित जोड़े पर
एक-एक पुलिसमैन तैनात किया जाए
जो साल भर तक
संबंधों की रिपोर्ट लेकर आए।

रिपोर्ट चूंकि बेहद माइन्यूट होगी
इसलिए उसे
खिड़की से झांकने की छूट होगी।
मुहब्बत है या लड़ाई
वो बताएगा
क्योंकि देखकर आएगा,
और हत्या या आत्महत्या
होने से बचाएगा।
लेकिन नहीं, नहीं, माफ़ करिए
मैं अपना विचार विड्रॉ करता हूं
मैं अपना विचार वापस लेता हूं
अरे, मैंने भी
क्या आइडिया परोसा है,
भला पुलिस का भी
कोई भरोसा है?

ये नए-नए जोड़ों को धमकाएंगे
इतना दो, वरना रिपोर्ट में
झगड़ा दिखाएंगे।

इसलिए पुलिस से नहीं
प्यारी-नादान महिलाओ!
तुम्हीं से कहता हूं–
तुम्हारा जलना
मैं राह नहीं सकता हूं।
अरे, किसी एक दिन तो
ज़रा ढंग से जी लेने दो,
एक बोतल ठंडी-ठंडी

बीयर पी लेने दो।

एक सेठ जी बड़े मनमौजी थे,
हमारे मित्र-कम-पड़ौसी थे।
उन्हें हमारी घोषणा का पता था,
लेकिन बेटे के ब्याह में
भारी दहेज लिया
ये हमें अखरता था।
एक दिन पता चला
उनकी पुत्रवधू भी
तेल छिड़क मर गई।

हमने माथा ठोका
लो, अगले दिन की बीयर
भी गई!
कल के अख़बारों में समाचार होगा,
और हमें उससे अगले कल का
इंतज़ार होगा।

लेकिन आश्चर्य!
अगले दिन
सुबह-सुबह सेठ जी ने
हमारे किवाड़ खोले,
और मुस्कुराते हुए बोले–
ये लीजिए, अशोक जी,
बीयर की बोतल,
आज के अख़बार में
बहू के जलने का
समाचार नहीं है!

हमने कहा–
ये कैसे हो सकता है?
ये आज का अख़बार नहीं है।

वे बोले–
आज का है,
पर समाचार नहीं आया
मामला राज़ का है।

वाह रे मेरे देश के अख़बारो!

तो इस तरह सत्य को छिपाकर
मुझे बीयर पिलाओगे ?

मेरे मन में आया कि
सेठजी को झिड़क दूं।
बीयर की बोतल में
मिट्टी का तेल क्यों नहीं हुआ
कि छिड़क दूं!

नहीं पिऊंगा
मैं बीयर नहीं पिऊंगा
मैं क़तई बीयर नहीं पिऊंगा
मैं हरगिज़ बीयर नहीं पिऊंगा।
और अब तो बीयर
शायद उसी दिन पेट में जाएगी,
जिस दिन
कोई ऐसी व्यवस्था आएगी,
जो औरतों को
जलने से बचाएगी,
जो औरतों को
मरने से बचाएगी।

चीज़ हैं कमाल जी

हमारे आंध्र के राज्यपाल जी,
आप चीज़ हैं कमाल जी।

अगर आप संतुष्ट हो जाएं
कि सामने खड़ा आदमी
आदमी नहीं
औरत है
और वह अपने पुरुष होने के
चाहे जितने प्रमाण दिखा दे

आप नहीं मानेंगे,
अपनी ही ठानेंगे।

आप यदि
संतुष्ट हो जाएं
कि आपके प्रदेश के
मुख्यमंत्री के
सिर्फ़ दस दांत हैं
और वह अपना पूरा जबाड़ा
खोलकर चीखे कि
गिन लो पूरे बत्तीस हैं
तो पहले तो आप
कोशिश करेंगे कि
वह अपना मुंह
बंद कर ले
और मुंह बंद न करे तो
आप ऐसा प्रबंध कर देंगे
कि मुंह तो क्या
सीधे उसे ही बंद कर देंगे।
और कहेंगे–
    हमारी गणनाएं असली हैं,
    तुम्हारे बाईस दांत
    नकली हैं।

मुख्यमंत्री पूरे देश को
अपना मुंह खोल कर
दिखा रहा था,
पर आपको विश्वास नहीं आ रहा था।

आप इस इंतज़ाम में लगे रहे
कि उसके दांत
सचमुच उखड़ जाएं
दर्द से उसकी आंखें बाहर
निकल आएं,
और उसकी जान के
लाले पड़ जाएं।

और जब तक उतने दांत
नहीं उखड़ जाते,
आप सार्वजनिक गिनती
नहीं कराते।

और दोस्तो,
दांत कितना ही मज़बूत
क्यों न हो
जब बीस लाख की
संडासी से खींचा जाता है,
तो उखड़ आता है।
मुख्यमंत्री कितनी भी ताल ठोके
कि है कोई माई का लाल
जो मेरे दांत उखाड़े
मेरी सूरत बिगाड़े
लेकिन माई के लाल आ जाएंगे,
और अपने-अपने
करतब दिखाएंगे।

जिस देश में लोकतंत्र के दांत

जबरन उखाड़े जाते हों
सत्य के पक्षधर
नखदंत-हीन बनाए जाते हों
उस देश का लोकतंत्र
दर्द से कराहता है चीखता है,
और उसे अपने सामने
जो भी दीखता है,
उसकी छाती को
कील जाता है,
और बड़े-से-बड़े तानाशाह को
जनता की अपार शक्ति से
समूचा ही लील जाता है।

आंध्र में एन॰ टी॰ आर॰ के साथ
जो कुछ भी हुआ
हुआ बेमिसाल जी।
राज्यपाल जी,
आप चीज़ हैं कमाल जी।

बाबू मुसद्दीलाल

रद्दी में रद्दी डाल, बाबू मुसद्दीलाल
दफ़्तर से घर आए,
पर घर के दरवाज़े पर
क़दम रखने से पहले
ऐसे घबराए—
जैसे, चौखट के अन्दर
मीलों तक फैला
कोई दहकता रेगिस्तान हो
और वे प्यासे हों
या फिर प्रेतों का अड्डा
कोई भूतिया मसान हो
और सिर पर गंडासे हों।
घर, घर न हो
कोई चिड़ियाघर हो
जिसमें ख़ूंख़ार जानवर आबाद हों,
सब-के-सब भूखे हों
और आज़ाद हों।

न जाने उनके ऊपर किस
दुर्वासा के श्राप थे
कि वो एक नहीं, दो नहीं

पांच-पांच लड़कियों के बाप थे।
क़िस्मत की मारी थीं, बेचारी थीं
पीली पड़ रही थीं,
हाथ पीले नहीं हुए थे लेकिन,
पहली लड़की, लाल स्याही से
अपने नाख़ून रचा रही थी,
दूसरी भी चाहती थी
ललचा रही थी
पर शर्म से अचकचा रही थी,
तीसरी, कल की चटनी को
कल के लिए बचा रही थी,
चौथी, हाथ में सूखी रोटी लिए
उस चटनी के लिए शोर मचा रही थी,
और पांच बरस की पांचवीं
जाने क्यों रो-रोकर
अपनी हड्डियां नचा रही थी।
पत्नी चलती-फिरती ज़िंदा लाश थी
शायद यमराज को इसी की तलाश थी।
रोगों का सिलसिला
शरीर को खा गया था।
लेकिन सारा बल
जीभ में आ गया था।
रह-रहकर अपना दिल मसोसती थी,
मुसद्दी को डांटती थी
लड़कियों को कोसती थी।

इसीलिए, घर–
मुसद्दी के लिए सबसे बड़ा डर था,

और घर में घुसते वक़्त
उनका माथा पसीने से तर था।
तो बिना किसी प्राणी या पदार्थ पर
नज़रें टिकाए
वे सीधे चारपाई तक आए
और लेट गए।
सुबह दफ़्तर थोड़ा-सा लेट गए थे
तो साहब ने डांटा था
यहां पूरे ही लेट गए, तो
पत्नी क्यों न डांटे,
पड़ने लगे तड़ातड़ शब्दों के चांटे–
आते ही मधेसा से पड़ गए हो,
घर से बिलकुल ही उखड़ गए हो।
सब्ज़ी आज भी नहीं लाए,
चटनी से कोई कब तक खाए,
न खा रहे हैं, न पी रहे हैं,
राम जाने कैसे जी रहे हैं!
चाय के लिए गुड़ भी निबट गया है,
और मेरा फटा हुआ ब्लाउज़
और फट गया है।
सड़ गई है, पर तीन बरस से
यही साड़ी चला रही हूं,
मेरी छोड़ो किसी भी तरह
गाड़ी चला रही हूं,
पर इन नासपीटियों की नर तो भरो,
इनके लिए तो कुछ करो।
एक आफ़त-सी खड़ी हो गई है,
बड़ी, ज़रूरत से ज़्यादा

बड़ी हो गई है,
दुछत्ती पर घंटों गुमसुम बैठी
कबूतरों को दाना डालती है,
और हर आने-जाने वाले को
ताकती है।
मंझली की फ़ीस
अभी तक नहीं गई है,
और हाय!
मेरे दांतों की टीस
अभी नहीं गई है।

दवाई लाए?
अजी सुनते हो, दवाई लाए?

मुसद्दी बेचारा क्या बताए?
जैसे-तैसे कुछ शब्द
उसके होठों तक आए—
दांत के दर्द की क्या कहती है?
सारे दर्द दांत बन गए हैं—
कर्ज़ के दांत
मर्ज़ के दांत
किराए के दांत
फ़ीस के दांत
राशन के दांत
टीस के दांत
महंगाई के दांत
पढ़ाई के दांत
सब काट रहे हैं।

— क्या बकबक कर रहे हो
भूल गए
पंसारी लाला ने बुलाया था,
मकान-मालिक भी दो बार आया था।
अबके किराया मिल जाएगा ज़रूर,
मैंने कहा था,
मुआ नासपीटा बड़ी को घूर रहा था।
और करम की लागी
कैसी बरबादी है
कि अगली एकादशी को

भांजी की शादी है।
भात का क्या सोचा है?

– भात, खाने को नहीं है,
देने की बात करती है,
क्यों मेरे कलेजे पे घात करती है
तू तो यमराज को भी मात करती है।
अरी मर रहा हूं,
मौत से नहीं,
तुझसे डर रहा हूं।

इस तरह दोस्तो,
जिस समय हमारे देश के
बड़े-बड़े नेता
सोफ़ों में धंसे हुए
क्लासिकल म्यूज़िक
सुन रहे होते हैं,
इनके यहां
कलेसीकल म्यूज़िक चलता है,
सब अभ्यस्त हैं,
किसी को नहीं खलता है।
कलेसीकल सुर
जब क्लाइमैक्स पर आते हैं,
तो मुसीबत के मारे मुसद्दीलाल
मर जाते हैं।

अपनी-अपनी प्रार्थना

मंदिर में एक आदमी
प्रार्थना कर रहा था–
‘ओ भगवान,
ओ भगवान,
रोटी दे दे,
कपड़ा दे दे,
दे दे एक मकान!
ओ भगवान,
ओ भगवान।’

इतने में
मोटी तोंद वाला
पुजारी आया
और चिल्लाया–
ओ जिजमान,
ओ जिजमान,
क्या करता है,
क्या बकता है,
नहीं तुझे कुछ ध्यान?
ओ जिजमान,
ओ जिजमान!

दरअसल,
प्रार्थना करना
तुझे नहीं आता है,
बेटा,
इतना भी नहीं मालूम
भगवान से क्या मांगा जाता है?
सुन,
ज़रा भगवान से डर
प्रार्थना मेरी तरह कर–
'हे प्रभो,
तुम ज्ञान दो
मन-बुद्धि शुद्ध-पवित्र दो
सत्य दो,
ईमानदारी और उच्च-चरित्र दो।'

आदमी बोला–
पुजारी जी,
मैं तुमसे नहीं डरूंगा,
तुम अपनी प्रार्थना करो
मैं अपनी करूंगा।
और इस बात को तो
हर कोई जानता है,
कि जिस पर
जो चीज़ नहीं होती
वही मांगता है।

आस्तीन

दोस्त के साथ
बातें करते-करते
हम दर्ज़ी की दुकान तक आ गए।
उधर दर्ज़ी का नाप
चल रहा था,
इधर दोस्त से हमारा
वार्तालाप चल रहा था।
कपड़ा दर्ज़ी की मेज़ पर
पटक कर
हम दोस्त से बोले
        और तो सब ठीक है,
        बस आस्तीन के
        सांपों का डर लगता है।

दर्ज़ी ने अचानक अपना काम रोका
और बीच में टोका–
        बाबूजी,
        आस्तीन के सांपों का भय तो
        मैं भगाऊंगा,
        आपके कुर्ते और कमीज़
        स्लीवलैस बनाऊंगा।

थुक्का-फ़जीती

विपक्ष में हो रही है थुक्का-फ़जीती,
कि 'इंका' भारी बहुमत से कैसे जीती?
एक बोला–
विपक्ष की सूरत तो
कालिख से धुल गई है,
और हमारे लिए
ज़हरीली गैस की टंकी
एक बार फिर खुल गई है।

दूसरा बोला–
मालूम है इस गैस का
कोई इलाज नहीं है,
और दुख में न रोना
हमारे यहां का रिवाज नहीं है।
इसलिए, आंखों पर रूमाल रख लो
गीला खुद हो जाएगा,
आंखों के साथ
दिल की जलन भी मिटाएगा।

तीसरा बोला–
अच्छा ख़ासा 'इंका' में था

'दमकिपा' में आ गया
खुद अपना भविष्य खा गया।

तभी एक संगीतकार विपक्षी ने
आलाप मारा—
यारा ओ यारा!
जपा भाजपा भाज. . .पा
दमक दमक दम किपा किपा
दमकिपा,
सूरत छिपा।
क्या होगा भला?
बज गया डंका
जीती है इंका।
मैं तो चला
मैं तो चला
मैं तो चला।

असली तो हम हैं

दूरदर्शन के एक कैमरामैन मित्र बोले–
कोई हमारे मन को भी टटोले
हमारी क्या पीड़ाएं हैं
क्या ग़म हैं,
लोग बेकार ही
तालियां बजाने वालों को
हिजड़ा कहते हैं
असली तो हम हैं।
हिजड़े हैं क्योंकि
वी॰ आइ॰ पीज़ के साथ
दौरों पर जाते हैं
देखकर कुछ आते हैं
लौटकर जनता को
कुछ दिखाते हैं।

देखकर आते हैं–
जलते हुए शहर
लौटकर दिखाते हैं–
बहती हुई नहर।

देखकर आते हैं–

जलते हुए मकान
लौटकर दिखाते हैं–
नगरपतियों के सम्मान।

देखकर आते हैं
उदास चेहरे
उन पर धुएं की लकीरें,
आज़ाद मुल्क लेकिन
ग़ुलामी की ज़ंजीरें,
लेकिन दिखाते हैं
लोकनृत्य, ढोलक और मंजीरे।
देखकर आते हैं–
ग़रीबी–बदनसीबी
दिखाते हैं–
संपन्नता की ही–ही।
देखकर आते हैं–
आहें, कराहें और
कचरे के ढेर पर
खाना ढूंढ़ती निगाहें
दिखाते हैं–
भरे पेट की वाह–वाहें।
देखकर आते हैं–
स्कूली बच्चों के फटे हुए बस्ते
लेकिन दिखाते हैं
वी॰आई॰पी॰ को
भेंट किए जाने वाले ख़ूबसूरत गुलदस्ते।
हम जो देखकर आते हैं
दिखा नहीं पाते हैं,

और जो दिखाना नहीं चाहते
शूट करके लाते हैं।
हम कितने अधम हैं,
लोग बेकार ही
ताली बजाने वालों को कहते हैं
भाई साब,
असली तो हम हैं।

अभी कुछ अरसा हुआ
चौक मैदान में
नेताजी के सम्मान में, जलसा हुआ।
श्रोताओं के नाम पर
सिर्फ़ चार गधे खड़े थे,
नेताजी फिर भी
मंच पर अड़े थे।
मैंने जैसे ही अपना कैमरा
शांत गधों की ओर घुमाया,
ऊपर से गर्दभ-स्वर आया-
कैमरा इधर करो
श्रोता नहीं हैं
इससे मत डरो।
श्रोताओं की शूटिंग
किसी कवि-सम्मेलन से कर लाना,
और दोनों दृश्यों को
इस तरह मिलाना
कि कार्यक्रम ख़ूब सजे,
मेरे हर वाक्य पर
श्रोताओं की ताली बजे।

तुम तो जानते हो
दूरदर्शन में कितनी क्षमता है
इस माध्यम में
कुछ-का-कुछ हो सकता है।
अरे शूट करो भैया
तुम्हारा मन किस उलझन में है,
सफ़ेद झूठ को
सौ फ़ीसदी सच में बदल दे
यह ताक़त सिर्फ़ दूरदर्शन में है।

तो भाई साहब,
हमने कैमरा घुमाकर
सौ फ़ीसदी पर कर दिया,
कभी उनकी टोपी का
कभी तोंद का क्लोज़-अप लिया।
भीड़ के दृश्य अलग से ले आए
एडीटर ने भी दृश्य
कुछ इस ख़ूबी से मिलाए
कि वाह-वाह होने लगी
पर अपने दिल में तो
कराह होने लगी कि
हमारे भी कैसे ओछे करम हैं,
लोग बेकार ही
ताली बजाने वालों को कहते हैं
असली तो हम हैं।

एक बार एक बड़ी सभा के मंच पर
मेरा कैमरा

किसी अच्छे दृश्य की तलाश में
भटक रहा था,
कि अचानक मैंने देखा
नेताजी का नाड़ा
कुछ ज़्यादा ही लटक रहा था।
लटकता हुआ नाड़ा
मैंने क्लोज़-अप में ले लिया
काफ़ी देर तक शूट किया।
मैं जानता था कि
नाड़ा पहले ठीक था,
लटक आया तो और भी ठीक था।
टैलीकास्ट होने के अगले ही दिन
डायरैक्टर जनरल का फ़रमान आया—
स्पष्टीकरण दें कि
आपने नेताजी का नाड़ा
इतनी देर तक क्यों दिखाया?

तो बंधुओ,
देखिए हमारा धंधा,
वह नाड़ा हमारे लिए
बन गया फांसी का फंदा।
इस नाड़े ने हमें
लट्टू बनाकर घुमा दिया,
और हमारा ट्रांसफ़र
दिल्ली से जलंधर करा दिया।

ट्रांसफ़र रुक सके
भला हममें इतना दम है?

लोग बेकार ही
तालियां बजाने वालों को कहते हैं
असली तो हम हैं।

और चूंकि हमारे भी
एक मुंह है और एक उदर
इसलिए पहुंच गए
दिल्ली से जलंधर।
परिवार से, दोस्तों से
प्रेमिका से दूर,
अकेले और मजबूर।

एक दिन एक नई-नई उद्घोषिका
हमारे कैमरे के सामने बैठी थी,
रूप के गर्व में ऐंठी थी।
पता नहीं मन में
कौन-सा कीड़ा कुलबुलाया
हमने कैमरा ऑफ़ किया
और बताया-
लाइटिंग ठीक नहीं है
इनकी लटों की छाया
इनकी आंखों पर आ रही है।
जो आंखों में गहरे गड्ढे दिखा रही है।
लाइटमैन कभी लाइट्स को दूर
कभी पास करता रहा
पर हमने 'पास' नहीं कहा।
लाइट्स की फेरबदल
जब बहुत हो ली,

तो कन्या बोली–

अब आप ही
हमारी आंखों के गड्ढे भर दीजिए,
लाइट्स को छोड़िए
लट ही ठीक कर दीजिए।

हमने हौले से उनकी लट हटाई,
तन–मन में सनसनी–सी छाई।
दोस्तो, दोष न तो लाइट का था
न लट का था,
वो तो हमारा ही
एक लटका था।
लटों के लटके से
वो हमारे मन को छू गई,
लेकिन शाम को
स्टेशन डायरैक्टर के साथ
उड़न–छू हो गई।
लटों के जंगल में हमें भटका गई,
लटका हमने दिखाया था
वो हमें लटका गई।

अब बताइए
स्टेशन डायरैक्टर के आगे
हमारी क्या हैसियत है
क्या दम है?
लोग बेकार ही
ताली बजाने वालों को कहते हैं,
असली तो हम हैं।

कुछ घटनाएं ऐसी हैं
जो आंखें भिगो जाती हैं,
मन में कहीं गहरे
पीड़ाएं बो जाती हैं।
कुछ साल पहले
मंत्री मंगलम्
विमान दुर्घटना में मर गए,
सत्ताइस अन्य यात्री भी
छुट्टी कर गए।
दूरदर्शन कैमरा लेकर मैं आया,
मंत्री जी के साथ
सत्ताइस लोगों के
रोते-बिलखते परिवारों को भी पाया।
एक कोने में किसी का पैर कटा पड़ा था,
इतने में एक महिला आई
और उस पैर से
लिपट कर रोने लगी,
मेरे मन में उथल-पुथल होने लगी।
कि इस दृश्य में है
देश का तथाकथित दर्शन,
संस्कृति
सभ्यता और चिंतन,
कि हमारी नारी आज भी
किन आदर्शों को मानती है,
पैरों से ही पति को पहचानती है।
मैंने झटपट अपना कैमरा घुमाया
लेकिन कुछ सोचकर नहीं फ़िल्माया।
स्टॉक बेकार जाएगा,

यह दृश्य दूरदर्शन पर नहीं आएगा।
वहां तो मृत मंत्री ही दिखाए जाएंगे,
लोग आएंगे जाएंगे
मालाएं-दर-मालाएं चढ़ाएंगे,
हर व्यक्ति ऐसी भंगिमा बनाएगा
जैसे मंत्री जी का ख़ास है, पालतू है।
फिर सत्ताइस परिवार
और विधवाओं की चीत्कार तो फ़ालतू है।

और ये सच है दोस्तो,
कि अब हम
भावनाशून्य हैं, संवेदनहीन हैं,
कैमरे की तरह की ही एक मशीन हैं।
सच्चाइयों को
घोटकर पी जाते हैं,
जो दिखाना चाहिए
नहीं दिखाते हैं।
और भी बहुत लोग
हम जैसे हैं,
जिनके पास पद है
प्रतिष्ठा है, पैसे हैं
व्यवस्था ने हम सब को
ऊपर से चिकना-चुपड़ा बना दिया है,
लेकिन अंदर से
बधिया कर दिया है
हिजड़ा बना दिया है।

‘ति’ से तिगुना

नेताजी को
उद्घाटन करने जाना था
शेव करनी थी
नहाना था।
गुसलख़ाने से
बैठक तक आने में
उन्होंने पूरे दो घंटे लगाए,
वे जूती से टोपी तक
दमदमा रहे थे
आते ही मुस्कुराए।
बोले–
        कैसा लग रहा हूं?

हमने कहा–
        आज आपका व्यक्तित्व
        साफ़ निखर आया है,
        तीन जोड़ी रंगा और बिल्ला
        मरे होंगे न,
        तब आपने अवतार पाया है।

नेताजी का पारा चढ़ गया
आंखें लाल हुईं

चेहरा बिगड़ गया।
हम बोले–

हुज़ूर नाराज़ न हों
ये बंदा आपको अभी समझाता है,
जिस शब्द में पहले 'ति' लगे
वो तिगुना हो जाता है।
जैसे तिराहा, तिमंज़िला, तिपाही
जैसे तिकोना, जैसे तिमाही
अब देखिए
अपने कुर्ते पर लगा हुआ –
तिरंगा बिल्ला!
इसमें भी तो 'ति' लग रहा है,
फिर हमने क्या ग़लत कहा है?

गुर्गादास

गुर्गादास कुछ उदास।
हमने कहा–
कष्ट क्या है,
ज़ाहिर हो?
वे बोले–
आजकल
उल्लू टेढ़ा चल रहा है।

हमने कहा–
लेकिन तुम तो
सीधा करने में माहिर हो।

वे बोले–
सीधा करने की कोशिश में
उल्टा हो जाता है,
आजकल हमारा हर दांव
पल्टा खा जाता है।

हमने कहा–
साफ़-साफ़ बताइए
कि क्या चाहिए?

वे बोले–
टिकट दिलवाइए।

हमने पूछा–
कहां का?
दिल्ली का, बंबई का
उज्जैन, उन्नाव का?

वे बोले–
नहीं, चुनाव का।

– ये कौन बड़ी बात है,
अब बताइए किस पार्टी पर दांत है?

वे बोले–
पार्टी से
कोई फ़र्क़ नहीं पड़ता,
फ़र्क़ पड़ता है इलाक़े से।

हमने पूछा–
वो कैसे?

वे बोले–
जिस इलाक़े में
हरिजन हों
अनुसूचित जातियां हों
बाबूजी की पार्टी जिताएगी,
जहां ब्राह्मण हों, मुस्लिम हों

ढुलमुल मध्यवर्ग हो
कांग्रेस (आई) रंग लाएगी,
और जहां जाटों का जमघट
किसानों का मरघट हो
चरण सिंह का दल
फ़तह दिलवाएगा,
शायद आपकी समझ में नहीं आएगा।

हमने कहा–
आ गया।
जातियों का दानव
हमारी राजनीति खा गया।
आपकी नज़र में
सिर्फ़ वोट कास्ट करने वाली
कास्ट है,
वह धोबी है, धीमर है
बामन है, जाट है।
इंसान नहीं देख रहे हैं?

वे बोले–
अशोक जी,
आप तो राजनीति को
सीरियसली ले रहे हैं।
राजनीति वेश्या है,
कुलटा है, रखैल है,
और आपकी सारी सद्भावना
हमारे कान का मैल है।
फिर भी

चुनाव के अलावा
हमारे आगे कोई रास्ता नहीं है,
हालांकि ये सही है कि इस
राजनीति का
इंसानियत से
कोई वास्ता नहीं है।
राजनीति शुद्ध व्यवसाय है,
जिसकी एक निश्चित आय है।
इसमें जीतने वाले के
पौ-बारह
तो हारने वाले के
पौ-तेरह रहते हैं,
चित और पट्ट दोनों अपनी
इसे राजनीति कहते हैं।
इसीलिए बंधुवर,
टिकिट की समस्या है।
इसे हलधर हल करे
या कमल या हल-चक्र
या फिर हल कर डाले
हाथ का पंजा
बस कस जाए शिकंजा।

हमने कहा-
गुर्गादास,
हमारी शुभकामना है-
माल खाते रहें हराम का,
टिकिट तो मिले
लेकिन स्वर्गधाम का।

बूढ़े बच्चे

(एक सर्वे में पाया गया कि भारत में सबसे ज़्यादा समझदार बच्चे जामा मस्जिद, पुरानी दिल्ली की तंग गलियों में रहते हैं। जानकर हैरानी-सी होती है कि जिस इलाके में न शिक्षा का उचित प्रबंध है न बेहतर जीवन-स्तर, वहां यह कैसे संभव है? इन बच्चों के बारे में कहावत है कि ये पैदा होते ही गलियों में निकल आते हैं। तंग गलियों की गतिमय ज़िंदगी इनके लिए स्कूलों का काम करती है और तरह-तरह के पेशों में लगे हुए ये बच्चे इतने अनुभवी हो जाते हैं कि अन्य बच्चे नहीं हो पाते। एक दूसरी बात– बच्चों के एक प्रकाशक मित्र का व्यावसायिक नारा है– 'हमारी किताबें आठ साल से अस्सी साल तक के बच्चों के लिए हैं।' उन प्रकाशक मित्र से मैंने यों ही कहा– 'बंधुवर! हमारे देश में यदि अस्सी साल के बच्चे हैं तो आठ साल के बूढ़े भी हैं।' 'बूढ़े बच्चे' कविता की शुरुआत यहीं से हुई।)

गलियों से गले मिलती गलियां हैं
गलियां ही गलियां हैं
गलियां दर गलियां हैं,
गलियों में महकती हुई
पूरी एक दुनिया है।
गली हाफ़िज़ बन्ने वाली
गली हकीमजी की
गली सुर्ख़पोशां वाली
गली पीर मुर्ग़े वाली
गली मीर क़ासिमजान
गली मैगज़ीन वाली
गली मीरदर्द वाली

गली .गुल पहाड़ी इमली
गली गदहे वाली
गली बजरंगबली
गली या अली वाली
गरमी वाली, जाड़े वाली
गली है अखाड़े वाली।

गलियां ही गलियां हैं
गलियों से गले मिलती गलियां हैं
गलियों में महकती हुई
पूरी एक दुनिया है।

इस गली का हाथ थामे दूजी गली
चली गई, उस गली से गले मिली
उस गली ने इस गली के पैर छुए
इस गली ने उस गली के कान पकड़े
तीसरी गली ने चौथी गली के सर पर
हाथ फेरा।
पांचवीं ने पहली का
फूला हुआ पेट ही टटोल लिया
यह गली अगली के
घुटने के दर्द पर बंध गई
और ख़तम हो गई
और ये है कि
सीना चीरे, माथा चूमे
हाथ भी मिलाती हुई
निकल गई बहुत दूर
कई और गलियों से

चितली क़बर के बाज़ार में सौदा लेने।

तो गलियों के सिर, माथे, गरदन,
हाथ, पैर, पेट, पहुंचे में
कूंचे हैं, छत्ते हैं,
खिड़की हैं, हवेली हैं,
आलान, वालान, मारान सहेली हैं।
कूंचा नाहर खां का, कूंचा पंडिज्जी का
कूंचा नाहारियान और कूंचा पातीराम
कटरा मशरूआना, कटरा बुलबुलख़ाना
छत्ता चुहिया मेम का
तिराहा बैरम ख़ां का
हवेली हैदर कुली
पत्थर वाला, लाल कुआं
कमरा बंगश, शाहगंज
खिड़की तफ़ज्जुल की
फाटक डिप्टी सुल्तान
शेर अफ़गन बारादरी
चूड़ीवालान भी है
बल्लीमारान भी है
सुईवालान है तो
टोकरी वालान भी है
गली गुल गढ़ैया है
गली शाहतारा है।
ग़र्ज़ ये कि गलियां हैं
गलियां ही गलियां हैं
गलियों में महकती हुई
पूरी एक दुनिया है।

गलियों में बच्चे हैं
बच्चे ही बच्चे हैं
बच्चे दर बच्चे हैं
बच्चों में बंटे हुए बच्चे हैं,
तथाकथित बच्चों से
कटे हुए बच्चे है।
बच्चे क्यों कहें इनको?
बच्चे ये जवान हैं
बच्चे ये बूढ़े हैं,
ज़िंदगी की इत्र-सैंट
ख़ूशबू नहीं हैं ये
ज़िंदगी के घूरे हैं
ज़िंदगी के कूड़े हैं
बच्चे ये जवान हैं
बच्चे ये बूढ़े हैं।

जिल्दसाज़, करख़न्दार
फेरी वाले, चूड़ी वाले
फल वाले, ठेले वाले
पॉलिश वाले, मालिश वाले
ज़रदोज़ी कढ़ाई वाले
भिश्ती हैं, दर्ज़ी हैं
पंसारी, नाई हैं
खींच रहे गाड़ी हैं
या फिर कबाड़ी हैं
वरक कूटते हैं ये, मिठाई भी बनाते हैं
बावर्ची हैं
दिन-भर रोटियां पकाते हैं।

ये बच्चा इंक-बॉय
ये बच्चा पेपर-बॉय
ये रिक्शा खींचता है
घर-भर को सींचता है।

वह जो मोटे-मोटे ग्रंथों पर
संतों की बानी पर, क़िस्सा-कहानी पर
इतिहास-भूगोल, गीता क़ुरान पर
अंकगणित, बीजगणित, ज्ञान-विज्ञान पर
गोंद-लेई-गत्ते से
जिल्दें चढ़ाता है,
दिन-भर की मेहनत के बाद क्या पाता है?
सुबह से शाम तक काग़ज़ मोड़े,
यही उसकी ज़िंदगी का आख़िरी मोड़ है,
यही उसके अतीत का घटाना है
यही उसके भविष्य का जोड़ है।

और वह जो लीथो पर
इनके या उनके भाषणों की
ख़बर वाला,
लाल-नीले रंगों में
पोस्टर निकालता है
वो ख़ुद लाल-नीली स्याही से पुता
पोस्टर बना खड़ा है
क्या आपने कभी
इस पोस्टर को पढ़ा है?
वह जो काटता है, वह जो सिलता है
वह जो कूटता है, वह जो पीसता है

वह जो मढ़ता है, वह जो चढ़ता है
वह जो ढोता है
वह जो इस सबके बावजूद
रोता नहीं है लेकिन
काम करता है
पूरी नींद सोता नहीं है लेकिन।

वो कोमल फूल-सा नहीं है
माफ़ करना
वो रंगीन सपना भी नहीं है
माफ़ करना
उसको अपने आप पर भरोसा है,
उसका कोई अपना नहीं है
माफ़ करना।

खेल के मैदान नहीं हैं,
कारख़ाने और कोठियां हैं सिर्फ़
खिलौने और टॉफ़ियां नहीं हैं
मेहनत की रोटियां हैं सिर्फ़।

वो बाप के लिए
हकीम से दवाई लाता है।
दो दिन की कमाई से
बहन के लिए
दुपट्टा लाता है।

वो तीन पैसे में
दादी के हाथों को जलता देख

चिमटा ख़रीद कर लाता है।
खिलौनों के लिए नहीं ललचाता है।

नैतिक शिक्षको,
देश के रक्षको,
इस फ़सल को
और नष्ट होने से पहले बचाओ!
और
समय से पहले हो गए
इन बूढ़ों को
बच्चा बनाओ!

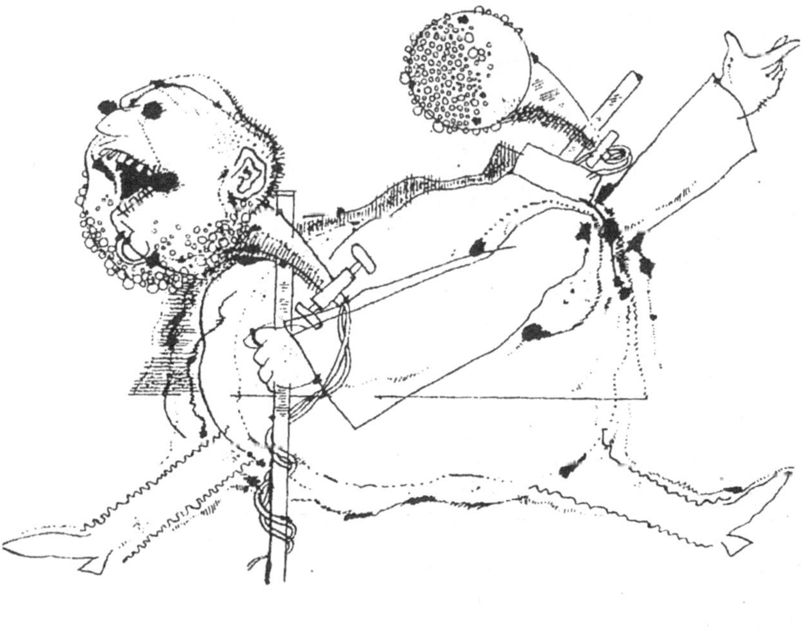

मंत्रालय

बेकारी का मारा परेशान
एक बेचारा नौजवान
दर्जनों चप्पलें घिसकर
सैकड़ों धक्के खाकर
और हज़ारों अर्ज़ियां लिखकर
जब ऊब गया
तो चिंता में डूब गया।

अंत में
प्रधानमंत्री. . . . . .के
कार्यालय आया,
सुबह से शाम तक
भूखा-प्यासा बैठा रहा
पर काम यहां भी नहीं बन पाया।
उसने एक बाबू से पूछा–
क्यों भैया,
यहां कहीं पीने को जल मिलेगा?

उत्तर मिला–
ये प्रधानमंत्री का
कार्यालय है मुन्ना,

यहां जल नहीं
जीवनजल मिलेगा।
बोलो चलेगा?

– तो क्या यहां
सब उसी को पीते हैं?

– जी हां, और कम-से-कम
सौ बरस जीते हैं।

आहत हो नौजवान
धधकता सुलगता हुआ
बाहर निकल आया,
बाहर उसने–
'मंत्रालय'
लिखा हुआ पाया।
उसने मंत्रालय के 'म' के
ऊपर की बिंदी हटा दी,
और नीचे
बड़े 'ऊ' की मात्रा लगा दी।

दौरा

मंत्री जी दौरा करने गए
दिल प्रसन्न हो गया
स्वागत देखकर,
और जब निकले काले झंडे
तो दिल का दौरा पड़ गया
वहीं स्टेज पर।

कुत्ता-नीति

अब से दस-ग्यारह बरस पहले
पुरानी से पुरानी से पुरानी सरकार के
एक माननीय मंत्री ने
कुत्तों की
एक अखिल भारतीय प्रदर्शनी का
उद्घाटन करते हुए कहा–
भाइयो और बहनो,
अब नहीं जाता सहा।
सभ्यता और संस्कृति का
ये हाल है,
सच पूछिए तो
हमें बड़ा मलाल है।
कारण केवल एक
कि हमारे यहां
अच्छी और सच्ची नसल के
कुत्तों का
एकदम अकाल है।
इसीलिए संकट की स्थिति में
आपातकाल में
पांच हज़ार कुत्तों का
आयात किया है

और आगामी पंचवर्षीय योजना के लिए
निर्णय लिया है कि
प्रॉपर्टी बेसिस पर
लंदन और न्यूयॉर्क से
तीस हज़ार कुत्तों को मंगवाया जाएगा
उन्हें अपने देसी कुत्तों से
मिलाया जाएगा।
इस प्रकार हमारे यहां
एक मिली-जुली संस्कृति का
विकास होगा,
प्रगति की दिशा में प्रयास होगा।

लेकिन माननीय मंत्री जी की
कोशिशों से पहले,
नहले पर दहले की तरह
नई सरकार आ गई,
कुत्तों के दिन डूबे–
क्या होगा, क्या होगा
ख़ामोशी छा गई।

नई सरकार के
नए मंत्रिमंडल के
नए एक माननीय मंत्री ने
अपने नए-नए फ़ैसले सुनाए,
कुत्तों के कान खड़े हो गए
लेकिन सुनकर हर्षाए।
घोषणा हुई–
कुत्ते उसी प्रकार आयात होंगे

होते रहेंगे,
कोई भी चीज़
उनका स्थानापन्न नहीं बनेगी।
नई सरकार
पुरानी सरकार की कुत्ता-नीति में
कोई परिवर्तन नहीं करेगी।
सिर्फ़ विभाग का नाम
कुत्ता नियोजन विभाग से
कुत्ता कल्याण विभाग
कर दिया जाएगा,
ग़लतियों के गड्ढों को
भर दिया जाएगा।

विभाग का नाम
कुत्ता कल्याण विभाग होते ही
आनंद आ गया,
हर तरफ़ कुत्तों में
हर्ष छा गया।
सब मिलकर
सरकार का गुणगान करने लगे,
जितना हो सके
अपना-अपना कल्याण करने लगे।
कुछ के निजी कल्याणकारी कार्य
इतने ज़्यादा हो गए
कि दूसरे लड़ने पर आमादा हो गए।
भौंकना और दुम हिलाना
एक साथ पाया गया,
इसी बीच
अविश्वास प्रस्ताव लाया गया।

लोक सभा भंग होते ही
कुत्तों की शांति भी
भंग हो गई,
और इस हड़बंग में
भविष्यवेत्ता ज्योतिषियों की
चांदी हो गई।
वे भी ख़ूब उल्लू बनाने लगे,
कुत्तों के हथेली तो होती नहीं
पंजे देखकर ही
भविष्य बताने लगे।
उनकी गणना के अनुसार

जिसके नाख़ून
जितने ज़्यादा लंबे होंगे
उसका भविष्य
उतना ही सुरक्षित होगा।
लेकिन देश की जनता
बुभुक्षित है
उसका क्या होगा?

देश की जनता!
उसका भी कोई भविष्य है
जो बताया जाए,
भविष्य तो कुत्तों का है
वे उसे इतना खाएं
जितना खाया जाए।

का की के

हमने अपने विभाग के साथी से पूछा–
मिस्टर सिंग!
बताइए व्याकरण में
कितने लिंग?

वे बोले–
स्त्रीलिंग,
पुल्लिग और नपुंसक लिंग।

हमने कहा–
उदाहरण दीजिए।

वे बोले–
लीजिए।
जिस शब्द से पहले 'की' लगे
वह स्त्रीलिंग।
जैसे राम की दवात,
दवात से पहले 'की' लगाया
दवात स्त्रीलिंग।
जिन शब्दों से पहले
'का' और 'के' लगे

वे पुल्लिग।
लेकिन
जिन शब्दों से पहले
'का', 'की' और 'के'
तीनों लग जाएं
वे नपुंसक लिंग कहलाएं।
ख़त्म हो गया इंटरव्यू?

हमने कहा–
जी थैंक्यू।
लेकिन एक बात और बताइए प्लीज़
ये 'नेता' शब्द
किस लिंग की चीज़?
इस पर उन्होंने ठहाका लगाया
और अपना हाथ
हमारी कमर पर फिराया।

बोले–
इतना भी नहीं जानते
अशोक डार्लिंग!
नेता शब्द पुल्लिग।
तो सबसे पहले तो
हमने उनका हाथ
अपनी कमर से हटाया,
और अपना उनकी कमर पर फिराया।
और बताया– मिस्टर सिंग!
आपने दीवारों पर पढ़ा
और नारों में सुना होगा–

देश का नेता– फ़लाना
देश के नेता– फ़लाने
देश की नेता– फ़लानी।
नेता शब्द से पहले
का, की और के
तीनों लगाते हैं,
इसीलिए हम आपको बताते हैं
मिस्टर सिंग,
देश के नेता–
. . . . ।

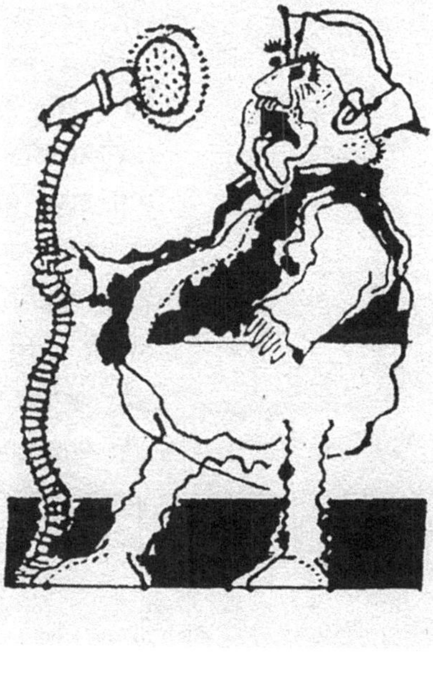

धन्य चौरासी तुझे धिक्कार

कितने झटके, कितने सदमे
कितने नाटक, कितने मजमे
कितने कौतुक, कितनी क्रीड़ा
कितनी आहें, कितनी पीड़ा
आफ़त की भरमार!
धन्य चौरासी तुझे धिक्कार!

अच्छा है सारे जहान से
दीख रहा था आसमान से
पर नीचे हिन्दोस्तान में
मारकाट में घमासान में
बीता बरखुरदार!
धन्य चौरासी तुझे धिक्कार!

हिंसा का बेअंत सिलसिला
मानवता भी गई तिलमिला
अपनों का विश्वास हिलाकर
संप्रदाय का ज़हर मिलाकर
हंसता है मक्कार!
धन्य चौरासी तुझे धिक्कार!

हवा करी ज़हरीली सारी
गैस हो गई अत्याचारी
कितना धुआं कितनी लाशें
अब बच्चों को कहां तलाशें
लील गया किलकार!
धन्य चौरासी तुझे धिक्कार!

हर अंतर में हरे घाव का
हत्याओं का या चुनाव का
वादों का या प्रतिवादों का
असहनीय से अवसादों का
तू ही ज़िम्मेदार!
धन्य चौरासी तुझे धिक्कार!

मार मार कर भारी टक्कर
बीता चौरासी का चक्कर
पिचा हुआ है जनमन सारा
पिच्चासी अब तुही सहारा
वंदन बारम्बार।
आ पिचासी तेरा जय जयकार।

बॉडी गार्ड

मरकर जब ऊपर पहुंचा बेअंत
तो वहां मिल गए भिण्डरावाले संत।
बेअंत ने सिर झुकाया—
संत जी सत श्री अकाल।

— सत सिरी अकाल पुतरा,
तूने कर दिया कमाल—
कहकर गले लगाया, थपथपाया।

— जो काम मैं नहीं कर पाया,
बेअंता तूने कर दिखाया।
मांग कुछ भी मांग बेटा।

बेअंत साष्टांग लेटा—
संत जी इन चरणों में
थोड़ी-सी जगह दो,
मुझे अपना बॉडीगार्ड बना लो।

संत जी बोले—
इनाम तो जो चाहेगा दिलवाऊंगा,
पर बॉडीगार्ड नहीं बनाऊंगा।

बेअंत

लोग कहते हैं
इंदिरा जी को मारने वाला
बेअंत मारा गया,
हत्या के बाद हत्यारा गया।

लेकिन नहीं,
बेअंत मरा नहीं, ज़िंदा है
हिंदुस्तान में अभी भी
बेअंत एक आज़ाद परिंदा है।
इंदिरा जी की हत्या से पहले
उसने कितने ही लोग मारे,
बेगुनाह बच्चे, बूढ़े और
नौजवान संहारे।

इंदिरा जी की हत्या के बाद
वह पुलिस में आ गया,
हिंदुओं में घुसकर
सिखों को खा गया।

बेअंत कहीं पुलिस है
कहीं डाकू है

कहीं संत है,
लेकिन उसकी
हत्याओं का सिलसिला भी
बेअंत है।

बेअंत अभी भी
हमारे कानों में
फुसफुसा रहा है,
खुद तो करता ही है
हत्या के लिए
हमें भी उकसा रहा है।

बेअंत जिस भाषा में
बोलता है
वह बोली नहीं गोली है,
और आप मानिए मत मानिए
भोपाल की
यूनियन कार्बाइड की
ज़हरीली गैस की टंकी भी
उसी ने खोली है।

बेअंत की विदेशियों से
सांठ-गांठ है,
महत्त्वपूर्ण काग़ज़ उड़वाने में भी
उसका हाथ है।
बेअंत ने सिर्फ़ इंदिरा जी को नहीं
हज़ारों हज़ारों को मारा है,
बेअंत एक ख़ूंख़ार हत्यारा है।

कहां तक गिनाएं
बेअंत के सिर्फ़ एक दो
काम नहीं हैं
और दरअसल
बेअंत किसी सिरफिरे आदमी का
नाम नहीं है।
बेअंत नाम है–
अंतहीन हिंसा का
दरिंदगी का,
ज़िंदगी को लील जाने वाली
गंदगी का।
और अगर हमें सचमुच
इस देश को उद्धारना है,
तो सबसे पहले मिलकर
इस हिंसा के बेअंत को मारना है।

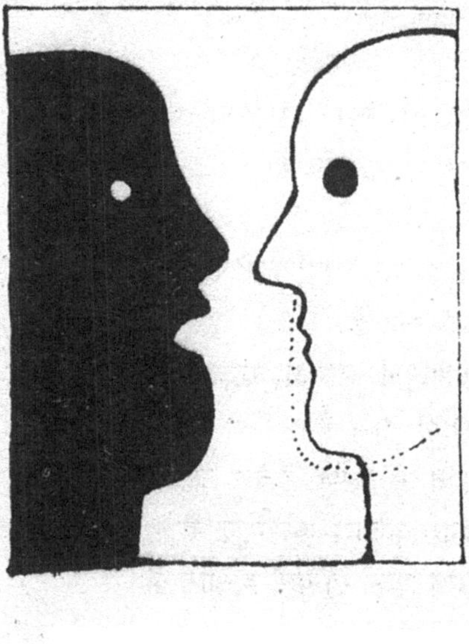

एकसंख्यक

अचानक मैंने पाया कि
मैं बाहर की दुनिया में
कुछ इस क़दर बह गया हूं
कि अपने, ख़ास अपने
घर के अंदर
मैं अल्पसंख्यक तो क्या
सिर्फ़ एकसंख्यक रह गया हूं।
दोनों बच्चे केवल
मां की मानते हैं,
आदर के नाम पर
दादी और बाबा को जानते हैं।

फिर सोचता हूं
बहुसंख्यक है ही कौन
इस देश में?
हर शख़्स अल्पसंख्यक है
अपने परिवेश में।
मुसलमान, सिख, ईसाई
जैन, बौद्ध, आदिवासी, कबीलाई
बंगाली, मराठी, गुजराती
कश्मीरी, अनुसूचित, आर्यसमाजी

तमिल, द्रविड़, सनातनी
और फिर इनके भी
फ़िरक़े-दर-फ़िरक़े
और उनकी तनातनी।
गूजर, अहीर, जाट
बामन और बनिए
इनमें भी अलग गोत्र
अलग वंश चुनिए।
श्वेताम्बरी, दिगम्बरी
निरंकारी, अकाली
शिया और सुन्नी
अलग लोटा, अलग थाली।
ऊंची जात का हिंदू
छोटी जात के हिंदू को
खा रहा है,
आदमी आदमी का
ख़ून बहा रहा है।
कोई नहीं सोचता
कोई नहीं देखता,
और इस सब को कहते हैं-
धर्म निरपेक्षता।
हर आदमी के दिमाग में
संप्रदाय की खाइयां हैं
धर्म की खंदक हैं,
सारे-के-सारे लोग
संकीर्णताओं के बंधक हैं।
और सच पूछिए तो
बहुसंख्यक कोई नहीं है

इस देश में
हैं तो सिर्फ़ अल्पसंख्यक हैं।

और मैं सोचता हूं
अपने घर में
एकसंख्यक होना
अच्छी बात नहीं है
क्योंकि आदमी
अकेलेपन में खो सकता है,
लेकिन क्या मेरा देश
पूरी दुनिया की नज़रों में
एकसंख्यक हो सकता है?

नेता जी की शिकार कथा

अकेले बंद कमरे में
नेता जी ने
अपनी घूमने वाली कुर्सी को
बैठे-बैठे घुमाया।
मज़ा आया।
मज़ा आया तो
दूसरा चक्कर भी लगाया।
तीसरा चक्कर खाते ही
कुर्सी में गति आ गई,
चौथा और पांचवां
अपने आप खा गई।
कुर्सी धकाधक चक्कर खाने लगी
नेता जी पर मस्ती छाने लगी।
कि अचानक
किसी काम के लिए
फ़ाइलों से लदा-फदा पी०ए०
कमरे में आया,
नज़ारा देखकर चकराया
नेता जी ने बहुत किया ट्राई,
पर कुर्सी नहीं रुक पाई।
घूमते-घूमते बोले–

क्या है ?

पी॰ ए॰ रिरियाया–
सर आपकी दया है।
मुझे क्या पता था कि आप
किसी निजी कार्य में बिज़ी हैं !
ईडियट, नालायक गधा हूं मैं,
सर जाता हूं, आप घूमें।

कुर्सी रुकी तो बोले–
रुक जाओ।
माजरा क्या है, बताओ।

– सर साइन कराने हैं
कई काम निबटाने हैं।

सहज होते हुए नेता जी बोले–
देखो काम बहुत सारे हैं,
सबके सब तो
पूरे हो नहीं सकते
इसीलिए
अच्छा ये है कि
कोई न किया जाय,
आज की तारीख़ में
शिकार का मज़ा लिया जाए।

– शिकार
सर कैसा शिकार है ?

– शिकार,
शिकार नहीं जानते
कैसा होता है,
अरे पगले,
शिकार तो शिकार होता है।

सॉरी सर!
लेकिन, शिकार कहां खेलेंगे,
यहीं दफ़्तर में?
स्टैनो मैडम को बुलाऊं?

– नहीं, नहीं, यहां नहीं खेलेंगे
शिकार का मज़ा बाहर ही लेंगे।

– तो सर, कहां चलें,
खेत में, खलिहान में,
मकान में, दुकान में,
हरिजन बस्ती के जंगल में
या झोंपड़-पट्टी के जंगल में?

नेता जी बोले–
इस समय तो शिकार की तलब है,
जंगल कहीं का भी हो
हमें तो शिकार से मतलब है।

पी॰ए॰ ने साहस करके पूछा–
सर आपने तो

बहुत शिकार किए होंगे,
ख़ूब मज़े लिए होंगे?

नेता जी मुस्कुराए– पगले!
ये तो सच है कि शिकार
अपने हाथों से हमने
कभी नहीं मारा,
पर शिकार का मज़ा
हर बार हमने उठाया है,
क्योंकि गोली कोई भी मारे
मांस तो हमेशा हमने ही खाया है।

ख़ैर साहब,
शहर से दो जाने-माने

शिकारी बुलवाए गए,
जीप में बिठाकर
जंगल ले जाए गए।
जंगल में
अचानक एक भेड़िया दीखा

– तो नेता चीख़ा– दाग़ो!
भेड़िया इनकी ओर झपटा
तो पुनः चीख़े– भागो।

शिकारियों ने फायर किए हड़बड़ी में
लेकिन मिस हो गए
निशाने की गड़बड़ी में।
भेड़िया मांद में घुस गया,
शिकार का सारा मज़ा चुस गया।

शिकारी झल्लाए–
नेता जी, ऐसे ही चीख़ना था
तो हमें क्यों लाए?

नेता जी ने भाषण की मुद्रा बनाई–
धीरज धरो भाई!
भेड़िया अंदर है,
अभी बाहर आएगा।

शिकारी बोला–
वा' वा' वा'
उसे ऐसी क्या जल्दी है

जो बाहर आकर प्राण गंवाएगा।
नेता जी, प्रतीक्षा करते हैं।

नेता जी बोले–
हां, हां, करते हैं।
हम भेड़िए से डर गए
प्रतीक्षा से नहीं डरते हैं।
अड़तीस साल से हमने
देश को यही समझाया है–
प्रतीक्षा करो, प्रतीक्षा करो!

लेकिन बंधु,
कहने वाले कर नहीं पाए
भेड़िया नहीं निकला तो बौखलाए–
टाइम बहुत हो गया है
भेड़िया शायद सो गया है।
ऐसा करता हूं
मैं मांद में मुंह देकर सीटियां बजाता हूं
किसी भी तरह
इस भेड़िए को जगाता हूं।

तो मित्रो,
मांद के मोखले में मुंह देकर
वे सीटियां बजाने लगे,
शिकारी मुस्कुराने लगे।
अचानक सीटियां बन्द हुईं
तो शिकारी दूसरे से बोला–
अब नेता जी क्या कर रहे होंगे?

दूसरे ने उत्तर दिया–
भेड़िए के कान में
फुसफुसा रहे होंगे।

इस तरह बीत गया पूरा एक घंटा
शिकारी बड़बड़ाया–
अजीब है टंटा।
कब से ले रहे हैं
इस मांद का नज़ारा,

उसने नेता जी को पुकारा।
उत्तर नहीं आया तो
जाकर हिलाया,
किन्तु हाय! ये क्या पाया!
मामला अजब था,
नेता जी का तो
सिर ही ग़ायब था
शिकारी परेशान
विस्मित, चकित और हैरान
– इनके तो सिर ही नहीं है।

दूसरा बोला–
याद करो,
जब ये हमारे साथ आए थे
तब क्या था ?
पहले ने अपनी खोपड़ी खुजाई
सिर की तरफ़ तो
ध्यान ही नहीं दिया भाई।

तू बता,
तू भी तो यहीं था।

दूसरा बोला–
सिर की तरफ़ तो
मेरा भी ध्यान नहीं था।
ऐसा करते हैं
शहर में चलते हैं
सिर के बारे में
लोग ही बताएंगे,
गुत्थी सुलझाएंगे।

तो पकड़कर
उन सिरविहीन नेता जी का
एक-एक हाथ,
लेकर उन्हें अपने साथ
शिकारी दल गली-गली धाया,
पर किसी भी उत्तर से
संतुष्ट न हो पाया।

एक बोला–
गली से आते-जाते तो
रोज़ाना देखा करता था श्रीमान,
पर सिर की तरफ़
कभी नहीं गया ध्यान।

जिससे पूछो, यही दुहराता था,
सिर के मामले में

सिर हिलाता था।
इतने में आया एक हलवाई,
बोला–
सुनो भाई!
वो यहां रोज़ आते थे,
मेरी जलेबियां भी खाते थे।
इसका मतलब कि मुंह तो था,
पर उसके ऊपर की मंज़िल का
नहीं पता।
ऐसा करो,
इनकी पत्नी से पता लगाओ,
वे तो इन्हें
अच्छी तरह पहचानती होंगी,
सिर तो क्या
सब कुछ जानती होंगी।

पत्नी बोली–
क्या कहा, खोपड़ी!
क्षमा करें, इसकी तो उनको
कभी ज़रूरत ही नहीं पड़ी।
पर इतना है कि
जब भी मैं कनॉट प्लेस जाती हूं,
तो इनके लिए गांधी आश्रम से
टोपियां ज़रूर लाती हूं।

टोपी के बारे में सुनते ही
एक शिकारी को
न जाने क्या हुआ,

कि उसको हवा ने छुआ
और वो अभागा
'टोपी-टोपी' चिल्लाता हुआ
जंगल की ओर भागा।
जंगल में एक आदमी ने टोका,
जैसे-तैसे रोका।
– माजरा क्या है ये बताओ,
इस तरह मत हड़बड़ाओ।

शिकारी बोला–
मैं हैरान हूं
और ये सोच-सोचकर परेशान हूं
कि उस भेड़िए ने
नेता जी का
सिर तो खा लिया होगा,
पर टोपी का क्या किया होगा?

आदमी बोला–
भेड़िए का पता देता हूं,
हर बात बता देता हूं।
भेड़िया अब मांद में नहीं है
बाहर निकल आया है,
शहर के राजनैतिक हलकों को
सूंघ रहा है,
और खुद टोपी लगाकर
बड़ी शान से
गली-गली घूम रहा है।

अपना देश तो महान है

हमारे मित्र शार्दूल सिंह विक्रीड़ित,
देश की दशा से बहुत पीड़ित।
बोले–
अब सहा नहीं जाता है
ऐसी दुर्दशा देख रहा नहीं जाता है।
और रोने लगे
गालों को
आंसुओं से धोने लगे।

मैंने कहा–
अरे, रे, रे
विक्रीड़ित जी
इन बहते पनालों को रोकिए,
आंसुओं को अंदर ही सोखिए।

वे बोले–
भैया अशोक,
इन आंसुओं को न रोक।
और अच्छा तो ये हो
कि तू भी रो।

मैंने कहा–
मैं क्यों बेकार
अपनी आंखें नम करूं
शरीर का पानी
ख़ामख़ां कम करूं।

बोले–
देख नहीं रहे।
देश की क्या हालत है?
मैंने कहा–
सही-सलामत है।

बोले–
किधर से?

मैंने कहा–
आप देखें जिधर से।
हर तरफ़ सुख है, समृद्धि है
मुस्कान है,
अपना देश तो महान है।

अब तो वे
और ज़ोर-ज़ोर से रोने लगे,
आपे से बाहर ही होने लगे।
बोले–
यार,
हम तो तुम्हें
ईमानदार आदमी समझते थे
तुम ये कवि-सम्मेलनों में

क्या जाने लगे
कि दूसरे ही गाने गाने लगे।

मैंने कहा–
विक्रीड़ित जी,
आप बेकार हैं पीड़ित जी।
चारों ओर सुख है
चैन है, शांति है
और ऐसी शांति
कि राम राज्य में भी
न रही होगी।
राम राज्य में
ऋषि-मुनि यज्ञ करते थे तो
राक्षस अड़ंगी मारते थे,
काम बिगाड़ते थे।
पर आज देखिए
सैकड़ों योगी, हज़ारों बाबा
कितने ही गुरुदेव
कितने ही सदाचारी
कितने ही ब्रह्मचारी
निर्विघ्न यज्ञ-मौज कर रहे हैं
तार रहे हैं और तर रहे हैं,
अपना-अपना धंधा कर रहे हैं।

चारों ओर सुख है समृद्धि है, पैसा है
तभी तो मंहगाई बढ़ रही है,
आप कहते हैं
देश की हालत बिगड़ रही है।

अरे ये तो सरकार की कृपा है
कि मंहगाई बढ़ा देती है
वरना काम कैसे चले,
जो इतना पैसा है लोगों पर
कैसे निकले?
मंहगाई बढ़ने की ख़ुशी में
हज़ारों बच्चे, बूढ़े और नौजवान
सरकार को बधाई देने
राजधानी आते हैं,
और हमारे नेतागण
अपने मुस्कुराते हुए फोटो वाले
पोस्टर
दीवारों पर चिपकवाते हैं।
मैं कहता हूं–
अपना देश तो महान है,
क्योंकि हर तरफ़
चिपकी हुई मुस्कान है।

बेतहाशा ज़ेवर हैं
महिलाओं के पास,
ख़ूब गहनती हैं
घूमती हैं, बाहर निकलती हैं,
किसी दिन कोई नहीं लूटता तो
लौट कर रोती हैं–
हाय ऐसा तो कभी होता ही नहीं,
आज तो हमें किसी ने
लूटा ही नहीं।

दंगे हमारे यहां
समारोहपूर्वक मनाए जाते हैं,
रोशनी के लिए
घर जलाए जाते हैं,
बेरोज़गारों को काम मिल जाता है,
नागरिकों को
लूट का
सस्ता माल मिल जाता है
पुलिस हमारी चुस्त है,
विदेशों की सुस्त है।
हमारी दुरुस्त है।
अभी एक अंतर्राष्ट्रीय
पुलिस अधिवेशन हुआ था,
मालूम है एक विदेशी प्रतिनिधि ने
क्या कहा था?

– चोरी होने के
चौबीस घंटे के अंदर
हम चोर को पकड़ लेते हैं।

दूसरा बोला–
जनाब,
ज़्यादा-से-ज़्यादा
बारह घंटे में जकड़ लेते हैं।

तीसरा विदेशी बोला–
चोर को हमारे यहां लाइए
हमें पकड़ने के लिए

सिर्फ छः घंटे चाहिए।

हमारा एक पुलिस प्रतिनिधि बोला–
आपका विभाग भला
हमारा क्या मुकाबला करेगा,
यहां तो चौबीस घंटे पहले ही
पता होता है
कि चोर कौन है
और कहां चोरी करेगा।
चोर, डाकू–हत्यारे और
बड़े–बड़े अपराधी–
पुलिस से अपना भाईचारा मानते हैं,
पुलिस उनके बारे में और
वे पुलिस के बारे में
प्रायः सब कुछ जानते हैं।
पुलिस और अपराधियों का
ऐसा सुमधुर संबंध,
कभी नहीं रहा।

क्या कहा
विक्रीड़ित जी,
पुलिस हमारी चुस्त है,
लोग हमारे स्वस्थ हैं।
हर तरह की चीज़ खाकर
ख़ुद को ज़िंदा बचा सकते हैं,
मिलावटी सामान के
भूसा और लीद भी
पचा सकते हैं।

आपको आभारी होना चाहिए
मिलावट करने वालों का
कि आपको नया जीवन देते हैं,
आपकी पाचन-शक्ति की
परीक्षा लेते हैं।
अरे उनको तो देनी चाहिए दुआ,
कि उन्होंने दवा के नाम पर
ज़हर दिया
हमने खाया, और
कुछ नहीं हुआ।

और विक्रीड़ित जी,
ऐसा नहीं है कि
लोग नहीं मरते हैं,
मरते हैं तो
अच्छा ही करते हैं।
हमारे यहां आदमियों का
ज़हरीली शराब से और
औरतों का मिट्टी के तेल से मरना
शुभ माना जाता है,
क्योंकि
एक झटके में
सारे कष्ट मिटाता है।

बलात्कार भी फ़ैशन में हैं
ख़ूब होते हैं।
हरिजन महिलाएं
कुछ नहीं कहती हैं,

ख़ुश रहती हैं
कहेंगी, तो दो-चार बलात्कारों से
और संपन्न हो जाएंगी,
इतना सुख
भला कैसे सह पाएंगी।

विक्रीड़ित जी,
पिछले दिनों भिण्ड-मुरैना के
एक कविसम्मेलन में
एक डाकू मिला, बोला–
    अशोक जी,
    अपनी एक योजना से
    हम भी ख़ुश थे,
    सोचा, चंबल के बीहड़ों में

रहते-रहते तंग आ गए हैं,
अब हम लोग मिलकर
शहर में एक
मंदिर-गुरुद्वारा बनवा लें
पुलिस तो अंदर आ नहीं सकती।
ठाट से अंदर चारपाई डालेंगे,
तकिए के सिरहाने
स्टेनगन रखेंगे,
और वहीं से
डकैतियों का संचालन करेंगे।
लेकिन पुलिस तो क्या
सेना आ गई,
हमारे मंसूबों को ही खा गई।
सो हम यहीं चंबल में ख़ुश हैं।

इसीलिए कहता हूं
विक्रीड़ित जी
आज जो जहां जिस हाल में है
ख़ुश है
क्योंकि निरंकुश है।

वह भले ही कोई चोर है
अपराधी है या बेईमान है,
ख़ुश है, स्वतंत्र है
ससम्मान है।

और जब तक
दीवारों पर चिपके पोस्टरों में

मुस्कान है,
अपना देश तो महान है।

अब तक विक्रीड़ित जी के
आंसू सूख चुके थे
और वे हंस रहे थे।
फिर वे ख़ूब ज़ोर-ज़ोर से
हंसने लगे,
इतना हंसे, इतना हंसे
कि फिर से रोने लगे।

ईश्वर जाने मेरे देश में
क्या हो रहा है,
आदमी हंसता है, लेकिन
हंसते-हंसते रो रहा है।